法律法

U0462536

# 中华人民共和国

# 治安管理处罚法

## 注释红宝书

《法律法规注释红宝书》编写组 编

中国法治出版社
CHINA LEGAL PUBLISHING HOUSE

# 目　录

# 附  录

# 中华人民共和国治安管理处罚法

（2005 年 8 月 28 日第十届全国人民代表大会常务委员会第十七次会议通过　根据 2012 年 10 月 26 日第十一届全国人民代表大会常务委员会第二十九次会议《关于修改〈中华人民共和国治安管理处罚法〉的决定》修正　2025 年 6 月 27 日第十四届全国人民代表大会常务委员会第十六次会议修订　2025 年 6 月 27 日中华人民共和国主席令第 49 号公布　自 2026 年 1 月 1 日起施行）

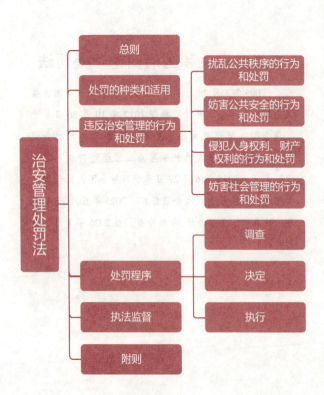

治安管理处罚法

- 总则
- 处罚的种类和适用
- 违反治安管理的行为和处罚
  - 扰乱公共秩序的行为和处罚
  - 妨害公共安全的行为和处罚
  - 侵犯人身权利、财产权利的行为和处罚
  - 妨害社会管理的行为和处罚
- 处罚程序
  - 调查
  - 决定
  - 执行
- 执法监督
- 附则

# 第一章 总 则

**第一条** 【立法目的】* 为了维护社会治安秩序，保障公共安全，保护公民、法人和其他组织的合法权益，规范和保障公安机关及其人民警察依法履行治安管理职责，根据宪法，制定本法。

☆ **第二条** 【社会治安综合治理】治安管理工作坚持中国共产党的领导，坚持综合治理。

各级人民政府应当加强社会治安综合治理，采取有效措施，预防和化解社会矛盾纠纷，增进社会和谐，维护社会稳定。

☆ **第三条** 【违反治安管理行为的性质和处罚】扰乱公共秩序，妨害公共安全，侵犯人身权利、财产权利，妨害社会管理，具有社会危害性，依照《中华人民共和国刑法》的规定构成犯罪的，依法追究刑事责任；尚不够刑事处罚的，由公安机关依照本法给予治安管理处罚。

---

\* 条文主旨为编者所加，仅供参考。

## 违反治安管理行为和犯罪行为的主要区别

| 区分标准 | 区别 | 示例 |
|---|---|---|
| 情节是否严重 | 有些行为情节严重的，就构成犯罪；情节不严重的，就是违反治安管理行为 | 暴力袭击正在执行职务的警察（如踢打致民警骨折），是犯罪行为；拉扯民警制服但未造成伤害，是违反治安管理行为 |
| 情节是否恶劣 | 有些行为情节恶劣的，就构成犯罪；情节不恶劣的，就是违反治安管理行为 | 长期、多次实施家暴，使用工具（如皮带、棍棒）致人轻伤，是犯罪行为；偶发性的推搡、掌掴等暴力行为，未造成身体伤害或仅致轻微伤，是违反治安管理行为 |
| 后果是否严重 | 有些行为后果严重的，就构成犯罪；后果不严重的，就是违反治安管理行为 | 故意伤害他人身体的行为，致人轻伤或者重伤的，是犯罪行为；致人轻伤以下的，是违反治安管理行为 |

| 区分标准 | 区别 | 示例 |
|---|---|---|
| 数额是否较大 | 有些行为数额较大的，就构成犯罪；不是数额较大的，就是违反治安管理行为 | 故意毁坏财物价值在 5000 元以上，是犯罪行为；未达到 5000 元，是违反治安管理行为 |
| 是否多次 | 有些行为多次实施的，就构成犯罪；不是多次实施的，就是违反治安管理行为 | 2 年内盗窃 3 次以上（无论单次数额大小），是犯罪行为（盗窃罪）；盗窃少量公私财物，且 2 年内盗窃未达 3 次的，是违反治安管理行为 |
| 是否使用暴力、威胁方法 | 有些行为已使用暴力、威胁方法的，就构成犯罪；未使用暴力、威胁方法的，就是违反治安管理行为 | 阻碍国家机关工作人员依法执行职务行为，使用暴力、威胁方法的，是犯罪行为；未使用暴力、威胁方法的，是违反治安管理行为 |
| 主体是否特定 | 有些行为只有特定主体实施时才构成犯罪 | 卖淫、嫖娼行为，若明知自己患有梅毒、淋病等严重性病仍卖淫、嫖娼的，是犯罪行为；其他人卖淫、嫖娼的，是违反治安管理行为 |

| 区分标准 | 区别 | 示例 |
|---|---|---|
| 对象是否特定 | 有些行为只有针对特定对象实施时才构成犯罪 | 嫖娼行为，若对象是不满14周岁的幼女，是犯罪行为；对象是其他人，是违反治安管理行为 |
| 是否以此为业 | 有些行为只有当行为人以此为业时，才构成犯罪 | 赌博行为，若以赌博为业的，是犯罪行为；不以赌博为业，但参与赌博且赌资较大的，是违反治安管理行为 |

★　**第四条**　【**处罚程序应适用的法律规范**】治安管理处罚的程序，适用本法的规定；本法没有规定的，适用《中华人民共和国行政处罚法》、《中华人民共和国行政强制法》的有关规定。

★　**第五条**　【**适用范围**】在中华人民共和国领域内发生的违反治安管理行为，除法律有特别规定的外，适用本法。

在中华人民共和国船舶和航空器内发生的违反治安管理行为，除法律有特别规定的外，适用本法。

在外国船舶和航空器内发生的违反治安管理行为，依照中华人民共和国缔结或者参加的国际条约，中华人民共和国行使管辖权的，适用本法。

★　**第六条**　【基本原则】治安管理处罚必须以事实为依据，与违反治安管理的事实、性质、情节以及社会危害程度相当。

实施治安管理处罚，应当公开、公正，尊重和保障人权，保护公民的人格尊严。

办理治安案件应当坚持教育与处罚相结合的原则，充分释法说理，教育公民、法人或者其他组织自觉守法。

**疑难注释**

治安管理处罚的适当性原则，要求治安管理处罚必须根据存在的违法事实进行裁判，并且设定或执行的处罚也必须与违反治安管理行为的性质、情节以及社会危害程度相当，不能过重或过轻。

尊重和保障人权，是《宪法》确立的原则，本条规定是该原则在《治安管理处罚法》中的体现。《治安管理处罚法》强调公安机关及其人民警察在实施治安管理处罚时，要尊重和保障人权，保护公民的人格尊严。

教育与处罚相结合，是由治安管理处罚的性质决定的。违反治安管理的行为属于一般违法行为，并未触犯《刑法》，尚未构成犯罪。治安管理处罚是人民群众自我教育、自我约束社会生活的行为准则，也是对少数违反治安管理行为的人实施处罚、进行教育的工具。

★★　第七条　【主管和管辖】国务院公安部门负责全国的治安管理工作。县级以上地方各级人民政府公安机关负责本行政区域内的治安管理工作。

治安案件的管辖由国务院公安部门规定。

## 疑难注释

　　行政案件由违法行为地的公安机关管辖。由违法行为人居住地公安机关管辖更为适宜的，可以由违法行为人居住地公安机关管辖，但是涉及卖淫、嫖娼、赌博、毒品的案件除外。违法行为地包括违法行为发生地和违法结果发生地。违法行为发生地，包括违法行为的实施地以及开始地、途经地、结束地等与违法行为有关的地点；违法行为有连续、持续或者继续状态的，违法行为连续、持续或者继续实施的地方都属于违法行为发生地。违法结果发生地，包括违法对象被侵害地、违法所得的实际取得地、藏匿地、转移地、使用地、销售地。居住地包括户籍所在地、经常居住地。经常居住地是指公民离开户籍所在地最后连续居住 1 年以上的地方，但在医院住院就医的除外。移交违法行为人居住地公安机关管辖的行政案件，违法行为地公安机关在移交前应当及时收集证据，并配合违法行为人居住地公安

机关开展调查取证工作。(参见《公安机关办理行政案件程序规定》第10条)

针对或者利用网络实施的违法行为，用于实施违法行为的网站服务器所在地、网络接入地以及网站建立者或者管理者所在地，被侵害的网络及其运营者所在地，违法过程中违法行为人、被侵害人使用的网络及其运营者所在地，被侵害人被侵害时所在地，以及被侵害人财产遭受损失地公安机关可以管辖。(参见《公安机关办理行政案件程序规定》第11条)

行驶中的客车上发生的行政案件，由案发后客车最初停靠地公安机关管辖；必要时，始发地、途经地、到达地公安机关也可以管辖。(参见《公安机关办理行政案件程序规定》第12条)

行政案件由县级公安机关及其公安派出所、依法具有独立执法主体资格的公安机关业务部门以及出入境边防检查站按照法律、行政法规、规章授权和管辖分工办理，但法律、行政法规、规章规定由设区的市级以上公安机关办理的除外。(参见《公安机关办理行政案件程序规定》第 13 条)

几个公安机关都有权管辖的行政案件，由最初受理的公安机关管辖。必要时，可以由主要违法行为地公安机关管辖。(参见《公安机关办理行政案件程序规定》第 14 条)

对管辖权发生争议的，报请共同的上级公安机关指定管辖。对于重大、复杂的案件，上级公安机关可以直接办理或者指定管辖。上级公安机关直接办理或者指定管辖的，应当书面通知被指定管辖的公安机关和其他有关的公安机关。原受理案件的公安机关自收到上级公安机关书面通知之日起不再行使管辖权，并立即将案卷材料移送被指定管辖的公安机关或者办理的上级公安机关，及时书面通知当事人。(参见《公安机关办理行政案件程序规定》第 15 条)

铁路公安机关管辖列车上，火车站工作区域内，铁路系统的机关、厂、段、所、队等单位内发生的行政案件，以及在铁路线上放置障碍物或者损毁、移动铁路设施等可能影响铁路运输安全、盗窃铁路设施的行政案件。对倒卖、伪造、变造火车票案件，由最初受理的铁路或者地方公安机关管辖。必要时，可以移送主要违法行为发生地的铁路或者地方公安机关管辖。交通公安机关管辖港航管理机构管理的轮船上、港口、码头工作区域内和港航系统的机关、厂、所、队等单位内发生的行政案件。民航公安机关管辖民航管理机构管理的机场工作区域以及民航系统的机关、厂、所、队等单位内和民航飞机上发生的行政案件。国有林区的森林公安机关管辖林区内发生的行政案件。海关缉私机构管辖阻碍海关缉私警察依法执行职务的治安案件。（参见《公安机关办理行政案件程序规定》第16条）

★ **第八条** 【民事责任和刑事责任】违反治安管理行为对他人造成损害的，除依照本法给予治安管理处罚外，行为人或者其监护人还应当依法承担民事责任。

违反治安管理行为构成犯罪，应当依法追究刑事责任的，不得以治安管理处罚代替刑事处罚。

**疑难注释**

除《治安管理处罚法》第 9 条规定的情形以外，不得以民事责任的承担替代治安管理处罚。

★★ **第九条** 【调解处理治安案件】对于因民间纠纷引起的打架斗殴或者损毁他人财物等违反治安管理行为，情节较轻的，公安机关可以调解处理。

调解处理治安案件，应当查明事实，并遵循合法、公正、自愿、及时的原则，注重教育和疏导，促进化解矛盾纠纷。

经公安机关调解，当事人达成协议的，不予处罚。经调解未达成协议或者达成协议后不履行的，公安机关应当依照本法的规定对违反治安管理行为作出处理，并告知当事人可以就民事争议依法向人民法院提起民事诉讼。

对属于第一款规定的调解范围的治安案件，公安机关作出处理决定前，当事人自行和解或者经人民调解委员会调解达成协议并履行，书面申请经公安机关认可的，不予处罚。

疑难注释

对于因民间纠纷引起的殴打他人、故意伤害、侮辱、诽谤、诬告陷害、故意损毁财物、干扰他人正常生活、侵犯隐私、非法侵入住宅等违反治安管理行为，情节较轻，且具有下列情形之一的，可以调解处理：（1）亲友、邻里、同事、在校学生之间因琐事发生纠纷引起的；（2）行为人的侵害行为系由被侵害人事前的过错行为引起的；（3）其他适用调解处理更易化解矛盾的。

对不构成违反治安管理行为的民间纠纷，应当告知当事人向人民法院或者人民调解组织申请处理。对情节轻微、事实清楚、因果关系明确，不涉及医疗费用、物品损失或者双方当事人对医疗费用和物品损失的赔付无争议，符合治安调解条件，双方当事人同意当场调解并当场履行的治安案件，可以当场调解，并制作调解协议书。当事人基本情况、主要违法事实和协议内容在现场录音录像中明确记录的，不再制作调解协议书。（参见《公安机关办理行政案件程序规定》第178条）

具有下列情形之一的，不适用调解处理：（1）雇凶伤害他人的；（2）结伙斗殴或者其他寻衅滋事的；（3）多次实施违反治安管理行为的；（4）当事人明确表示不愿意调解处理的；（5）当事人在治安调解过程中又针对对方实施违反治安管理行为的；（6）调解过程中，违法嫌

疑人逃跑的；（7）其他不宜调解处理的。（参见《公安机关办理行政案件程序规定》第 179 条）

## 第二章　处罚的种类和适用

✩✩　**第十条**　【处罚种类】治安管理处罚的种类分为：

（一）警告；

（二）罚款；

（三）行政拘留；

（四）吊销公安机关发放的许可证件。

对违反治安管理的外国人，可以附加适用限期出境或者驱逐出境。

★　**第十一条**　【查获违禁品、工具和违法所得财物的处理】办理治安案件所查获的毒品、淫秽物品等违禁品，赌具、赌资，吸食、注射毒品的用具以及直接用于实施违反治安管理行为的本人所有的工具，应当收缴，按照规定处理。

违反治安管理所得的财物，追缴退还被侵害人；没有被侵害人的，登记造册，公开拍卖或者按照国家有关规定处理，所得款项上缴国库。

**疑难注释**

对于依法扣押、扣留、查封、抽样取证、追缴、收缴的财物以及由公安机关负责保管的先行登记保存的财物，公安机关应当妥善保管，不得使用、挪用、调换或者损毁。造成损失的，应当承担赔偿责任。涉案财物的保管费用由作出决定的公安机关承担。（参见《公安机关办理行政案件程序规定》第 187 条）

★★ 第十二条 【未成年人违反治安管理的处罚】

已满十四周岁不满十八周岁的人违反治安管理的，从轻或者减轻处罚；不满十四周岁的人违反治安管理的，不予处罚，但是应当责令其监护人严加管教。

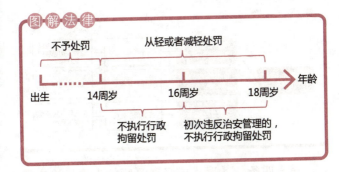

★ **第十三条** 【精神病人、智力残疾人违反治安管理的处罚】精神病人、智力残疾人在不能辨认或者不能控制自己行为的时候违反治安管理的，不予处罚，但是应当责令其监护人加强看护管理和治疗。间歇性的精神病人在精神正常的时候违反治安管理的，应当给予处罚。尚未完全丧失辨认或者控制自己行为能力的精神病人、智力残疾人违反治安管理的，应当给予处罚，但是可以从轻或者减轻处罚。

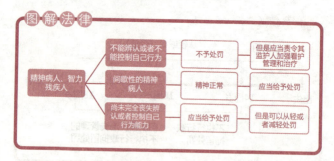

★　**第十四条　【盲人或又聋又哑的人违反治安管理的处罚】** 盲人或者又聋又哑的人违反治安管理的，可以从轻、减轻或者不予处罚。

疑难注释

　　又聋又哑的人或者盲人犯罪，可以从轻、减轻或者免除处罚。（参见《刑法》第19条）

★★　**第十五条　【醉酒的人违反治安管理的处罚】** 醉酒的人违反治安管理的，应当给予处罚。

　　醉酒的人在醉酒状态中，对本人有危险或者对他人的人身、财产或者公共安全有威胁的，应当对其采取保护性措施约束至酒醒。

**疑难注释**

　　违法嫌疑人在醉酒状态中，对本人有危险或者对他人的人身、财产或者公共安全有威胁的，可以对其采取保护性措施约束至酒醒，也可以通知其家属、亲友或者所属单位将其领回看管，必要时，应当送医院醒酒。对行为举止失控的醉酒人，可以使用约束带或者警绳等进行约束，但是不得使用手铐、脚镣等警械。约束过程中，应当指定专人严加看护。确认醉酒人酒醒后，应当立即解除约束，并进行询问。约束时间不计算在询问查证时间内。(参见《公安机关办理行政案件程序规定》第58条)

　　醉酒的人犯罪，应当负刑事责任。(参见《刑法》第18条第4款)

★　**第十六条**　【有两种以上违反治安管理行为的处罚】有两种以上违反治安管理行为的，分别决定，合并执行处罚。行政拘留处罚合并执行的，最长不超过二十日。

★ **第十七条** 【共同违反治安管理行为的处罚】
共同违反治安管理的，根据行为人在违反治安管理
行为中所起的作用，分别处罚。

教唆、胁迫、诱骗他人违反治安管理的，按照
其教唆、胁迫、诱骗的行为处罚。

**疑难注释**

共同违反治安管理，是指两个或者两个以上
行为人的行为指向同一违反治安管理行为，并相
互联系、相互配合，形成一个有机联系的违反治安
管理活动整体。每个人的行为，都是违反治安管理
有机体的一部分。在发生危害结果的情况下，每个
人的行为都与危害结果之间具有因果关系。

教唆，是指采用授意、劝说、挑拨、怂恿或
者其他方法，故意唆使他人违反治安管理的行为。

胁迫，是指采用暴力、威胁、逼迫等方法，
迫使他人违反治安管理的行为。胁迫包括暴力胁
迫和非暴力胁迫两种。前者如以伤害他人身体相

威胁，后者如对他人进行精神上的强制。

　　诱骗，是指采用引诱、欺骗等方法，使他人上当受骗而违反治安管理的行为。上述三种行为都必须是故意实施的，如果由于行为人的过失行为引起他人违反治安管理的，则不是教唆、胁迫、诱骗。

　　**第十八条　【单位违反治安管理行为的处罚】**
单位违反治安管理的，对其直接负责的主管人员和其他直接责任人员依照本法的规定处罚。其他法律、行政法规对同一行为规定给予单位处罚的，依照其规定处罚。

✿✿　**第十九条　【正当防卫和防卫过当的处罚】**为了免受正在进行的不法侵害而采取的制止行为，造成损害的，不属于违反治安管理行为，不受处罚；制止行为明显超过必要限度，造成较大损害的，依法给予处罚，但是应当减轻处罚；情节较轻的，不予处罚。

**疑难注释**

因正当防卫造成损害的，不承担民事责任。正当防卫超过必要的限度，造成不应有的损害的，正当防卫人应当承担适当的民事责任。（参见《民法典》第181条）

为了使国家、公共利益、本人或者他人的人身、财产和其他权利免受正在进行的不法侵害，而采取的制止不法侵害的行为，对不法侵害人造成损害的，属于正当防卫，不负刑事责任。正当防卫明显超过必要限度造成重大损害的，应当负刑事责任，但是应当减轻或者免除处罚。对正在进行行凶、杀人、抢劫、强奸、绑架以及其他严重危及人身安全的暴力犯罪，采取防卫行为，造成不法侵害人伤亡的，不属于防卫过当，不负刑事责任。（参见《刑法》第20条）

★★ **第二十条** 【从轻、减轻或不予处罚的情形】

违反治安管理有下列情形之一的，从轻、减轻或者不予处罚：

（一）情节轻微的；

（二）主动消除或者减轻违法后果的；

（三）取得被侵害人谅解的；

（四）出于他人胁迫或者诱骗的；

（五）主动投案，向公安机关如实陈述自己的违法行为的；

（六）有立功表现的。

**疑难注释**

有立功表现，是对出现违法行为后的悔改表现的规定。立功，一般是指揭发、检举其他违法行为人的违法行为，或者提供重要线索、证据等情形。

★★ **第二十一条** 【认错认罚从宽】违反治安管理行为人自愿向公安机关如实陈述自己的违法行为，承认违法事实，愿意接受处罚的，可以依法从宽处理。

★★ **第二十二条** 【从重处罚的情形】违反治安管

理有下列情形之一的，从重处罚：

（一）有较严重后果的；

（二）教唆、胁迫、诱骗他人违反治安管理的；

（三）对报案人、控告人、举报人、证人打击报复的；

（四）一年以内曾受过治安管理处罚的。

**疑难注释**

从重处罚，是指公安机关在法律、法规和规章规定的处罚方式和处罚幅度内，对于违反治安管理的行为人给予较重的处罚。

刑罚执行完毕3年内，或者在缓刑期间，违反治安管理的，应当从重处罚。（参见《公安机关办理行政案件程序规定》第160条第5项）

★★ **第二十三条** 【应给予行政拘留处罚而不予执行的情形及其例外】 违反治安管理行为人有下列情形之一，依照本法应当给予行政拘留处罚的，不执行行政拘留处罚：

（一）已满十四周岁不满十六周岁的；

（二）已满十六周岁不满十八周岁，初次违反治安管理的；

（三）七十周岁以上的；

（四）怀孕或者哺乳自己不满一周岁婴儿的。

前款第一项、第二项、第三项规定的行为人违反治安管理情节严重、影响恶劣的，或者第一项、第三项规定的行为人在一年以内二次以上违反治安管理的，不受前款规定的限制。

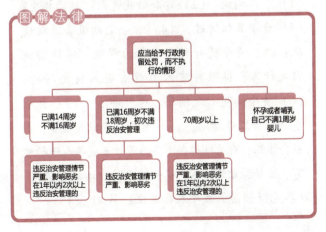

图解法律

★　**第二十四条**　**【对未成年人的矫治教育措施】**

对依照本法第十二条规定不予处罚或者依照本法第二十三条规定不执行行政拘留处罚的**未成年人**，公安机关依照《中华人民共和国预防未成年人犯罪法》的规定采取相应矫治教育等措施。

**疑难注释**

对有严重不良行为的未成年人，公安机关可以根据具体情况，采取以下矫治教育措施：（1）予以训诫；（2）责令赔礼道歉、赔偿损失；（3）责令具结悔过；（4）责令定期报告活动情况；（5）责令遵守特定的行为规范，不得实施特定行为、接触特定人员或者进入特定场所；（6）责令接受心理辅导、行为矫治；（7）责令参加社会服务活动；（8）责令接受社会观护，由社会组织、有关机构在适当场所对未成年人进行教育、监督和管束；（9）其他适当的矫治教育措施。（参见《预防未成年人犯罪法》第41条）

★★　**第二十五条**　【时效】违反治安管理行为在六个月以内没有被公安机关发现的，不再处罚。

前款规定的期限，从违反治安管理行为发生之日起计算；违反治安管理行为有连续或者继续状态的，从行为终了之日起计算。

**疑难注释**

被侵害人在违法行为追究时效内向公安机关控告，公安机关应当受理而不受理的，不受上述追究时效的限制。(参见《公安机关办理行政案件程序规定》第 154 条第 3 款)

# 第三章　违反治安管理的行为和处罚

## 第一节　扰乱公共秩序的行为和处罚

**★★　第二十六条　【对扰乱单位、公共场所、公共交通和选举秩序行为的处罚】** 有下列行为之一的，处警告或者五百元以下罚款；情节较重的，处五日以上十日以下拘留，可以并处一千元以下罚款：

（一）扰乱机关、团体、企业、事业单位秩序，致使工作、生产、营业、医疗、教学、科研不能正常进行，尚未造成严重损失的；

（二）扰乱车站、港口、码头、机场、商场、公园、展览馆或者其他公共场所秩序的；

（三）扰乱公共汽车、电车、城市轨道交通车辆、火车、船舶、航空器或者其他公共交通工具上的秩序的；

（四）非法拦截或者强登、扒乘机动车、船舶、航空器以及其他交通工具，影响交通工具正常行驶的；

（五）破坏依法进行的选举秩序的。

聚众实施前款行为的，对首要分子处十日以上十五日以下拘留，可以并处二千元以下罚款。

## 疑难注释

聚众扰乱社会秩序，情节严重，致使工作、生产、营业和教学、科研、医疗无法进行，造成严重损失的，对首要分子，处3年以上7年以下有期徒刑；对其他积极参加的，处3年以下有期徒刑、拘役、管制或者剥夺政治权利。（参见《刑法》第290条第1款）

★★ **第二十七条** 【对扰乱考试秩序行为的处罚】在法律、行政法规规定的国家考试中，有下列行为之一，扰乱考试秩序的，处违法所得一倍以上五倍以下罚款，没有违法所得或者违法所得不足一千元的，处一千元以上三千元以下罚款；情节较重的，处五日以上十五日以下拘留：

（一）组织作弊的；

（二）为他人组织作弊提供作弊器材或者其他帮

助的；

（三）为实施考试作弊行为，向他人非法出售、提供考试试题、答案的；

（四）代替他人或者让他人代替自己参加考试的。

**疑难注释**

根据《刑法》关于"组织考试作弊罪""非法出售、提供试题、答案罪""代替考试罪"的规定："在法律规定的国家考试中，组织作弊的，处三年以下有期徒刑或者拘役，并处或者单处罚金；情节严重的，处三年以上七年以下有期徒刑，并处罚金。为他人实施前款犯罪提供作弊器材或者其他帮助的，依照前款的规定处罚。为实施考试作弊行为，向他人非法出售或者提供第一款规定的考试的试题、答案的，依照第一款的规定处罚。代替他人或者让他人代替自己参加第一款规定的考试的，处拘役或者管制，并处或者单处罚金。"（参见《刑法》第284条之一）

★　**第二十八条**　【对扰乱体育、文化等大型群众性活动秩序行为的处罚】有下列行为之一，扰乱体育、文化等大型群众性活动秩序的，处警告或者五百元以下罚款；情节严重的，处五日以上十日以下拘留，可以并处一千元以下罚款：

（一）强行进入场内的；

（二）违反规定，在场内燃放烟花爆竹或者其他物品的；

（三）展示侮辱性标语、条幅等物品的；

（四）围攻裁判员、运动员或者其他工作人员的；

（五）向场内投掷杂物，不听制止的；

（六）扰乱大型群众性活动秩序的其他行为。

因扰乱体育比赛、文艺演出活动秩序被处以拘留处罚的，可以同时责令其六个月至一年以内不得进入体育场馆、演出场馆观看同类比赛、演出；违反规定进入体育场馆、演出场馆的，强行带离现场，可以处五日以下拘留或者一千元以下罚款。

## 疑难注释

　　禁止在下列地点燃放烟花爆竹：（1）文物保护单位；（2）车站、码头、飞机场等交通枢纽以及铁路线路安全保护区内；（3）易燃易爆物品生产、储存单位；（4）输变电设施安全保护区内；（5）医疗机构、幼儿园、中小学校、敬老院；（6）山林、草原等重点防火区；（7）县级以上地方人民政府规定的禁止燃放烟花爆竹的其他地点。（参见《烟花爆竹安全管理条例》第 30 条）

★　**第二十九条**　【对扰乱公共秩序行为的处罚】

有下列行为之一的，处五日以上十日以下拘留，可以并处一千元以下罚款；情节较轻的，处五日以下拘留或者一千元以下罚款：

　　（一）故意散布谣言，谎报险情、疫情、灾情、警情或者以其他方法故意扰乱公共秩序的；

　　（二）投放虚假的爆炸性、毒害性、放射性、腐蚀性物质或者传染病病原体等危险物质扰乱公共秩序的；

（三）扬言实施放火、爆炸、投放危险物质等危害公共安全犯罪行为扰乱公共秩序的。

**疑难注释**

投放虚假的爆炸性、毒害性、放射性、传染病病原体等物质，或者编造爆炸威胁、生化威胁、放射威胁等恐怖信息，或者明知是编造的恐怖信息而故意传播，严重扰乱社会秩序的，处5年以下有期徒刑、拘役或者管制；造成严重后果的，处5年以上有期徒刑。编造虚假的险情、疫情、灾情、警情，在信息网络或者其他媒体上传播，或者明知是上述虚假信息，故意在信息网络或者其他媒体上传播，严重扰乱社会秩序的，处3年以下有期徒刑、拘役或者管制；造成严重后果的，处3年以上7年以下有期徒刑。（参见《刑法》第291条之一）

★　**第三十条　【对寻衅滋事行为的处罚】**有下列

行为之一的，处五日以上十日以下拘留或者一千元以下罚款；情节较重的，处十日以上十五日以下拘留，可以并处二千元以下罚款：

（一）结伙斗殴或者随意殴打他人的；

（二）追逐、拦截他人的；

（三）强拿硬要或者任意损毁、占用公私财物的；

（四）其他无故侵扰他人、扰乱社会秩序的寻衅滋事行为。

**疑难注释**

根据《刑法》关于"寻衅滋事罪"的规定："有下列寻衅滋事行为之一，破坏社会秩序的，处五年以下有期徒刑、拘役或者管制：（一）随意殴打他人，情节恶劣的；（二）追逐、拦截、辱骂、恐吓他人，情节恶劣的；（三）强拿硬要或者任意损毁、占用公私财物，情节严重的；（四）在公共场所起哄闹事，造成公共场所秩序严重混乱的。纠集他人多次实施前款行为，严重

破坏社会秩序的，处五年以上十年以下有期徒刑，可以并处罚金。"（参见《刑法》第 293 条）

★　**第三十一条　【对利用封建迷信、会道门进行非法活动行为的处罚】**有下列行为之一的，处十日以上十五日以下拘留，可以并处二千元以下罚款；情节较轻的，处五日以上十日以下拘留，可以并处一千元以下罚款：

（一）组织、教唆、胁迫、诱骗、煽动他人从事邪教活动、会道门活动、非法的宗教活动或者利用邪教组织、会道门、迷信活动，扰乱社会秩序、损害他人身体健康的；

（二）冒用宗教、气功名义进行扰乱社会秩序、损害他人身体健康活动的；

（三）制作、传播宣扬邪教、会道门内容的物品、信息、资料的。

## 疑难注释

邪教是指冒用宗教、气功或者其他名义建立，神化首要分子，利用制造、散布歪理邪说等手段蛊惑、蒙骗他人，发展、控制成员，危害社会的非法组织。邪教大多是以传播宗教教义、拯救人类为幌子，散布谣言，且通常有一个自称开悟的具有超自然力量的教主，以秘密结社的组织形式控制群众，一般以不择手段地敛取钱财为主要目的。①

根据《刑法》关于"组织、利用会道门、邪教组织、利用迷信破坏法律实施罪""组织、利用会道门、邪教组织、利用迷信致人重伤、死亡罪"的规定："组织、利用会道门、邪教组织或者利用迷信破坏国家法律、行政法规实施的，处三年以上七年以下有期徒刑，并处罚金；情节

---

① 参见《如何辨别邪教？一文读懂》，载"中国普法"微信公众号，2024 年 7 月 31 日发布，https://mp.weixin.qq.com/s/kqDHXZDwBCCm9Cx1q_GYww，最后访问时间：2025 年 6 月 30 日。

特别严重的，处七年以上有期徒刑或者无期徒刑，并处罚金或者没收财产；情节较轻的，处三年以下有期徒刑、拘役、管制或者剥夺政治权利，并处或者单处罚金。组织、利用会道门、邪教组织或者利用迷信蒙骗他人，致人重伤、死亡的，依照前款的规定处罚。犯第一款罪又有奸淫妇女、诈骗财物等犯罪行为的，依照数罪并罚的规定处罚。"（参见《刑法》第 300 条）

★　**第三十二条**　**【对干扰无线电业务及无线电台（站）、未经批准设置无线电台（站）行为的处罚】**违反国家规定，有下列行为之一的，处五日以上十日以下拘留；情节严重的，处十日以上十五日以下拘留：

（一）故意干扰无线电业务正常进行的；

（二）对正常运行的无线电台（站）产生有害干扰，经有关主管部门指出后，拒不采取有效措施消除的；

（三）未经批准设置无线电广播电台、通信基站等无线电台（站）的，或者非法使用、占用无线电频率，从事违法活动的。

疑难注释

根据《刑法》关于"扰乱无线电通讯管理秩序罪"的规定："违反国家规定，擅自设置、使用无线电台（站），或者擅自使用无线电频率，干扰无线电通讯秩序，情节严重的，处三年以下有期徒刑、拘役或者管制，并处或者单处罚金；情节特别严重的，处三年以上七年以下有期徒刑，并处罚金。单位犯前款罪的，对单位判处罚金，并对其直接负责的主管人员和其他直接责任人员，依照前款的规定处罚。"（参见《刑法》第 288 条）

**第三十三条 【对侵入、非法控制计算机信息系统行为的处罚】** 有下列行为之一，造成危害的，处五日以下拘留；情节较重的，处五日以上十五日以下拘留：

（一）违反国家规定，侵入计算机信息系统或者采用其他技术手段，获取计算机信息系统中存储、处理或者传输的数据，或者对计算机信息系统实施非法控制的；

（二）违反国家规定，对计算机信息系统功能进行删除、修改、增加、干扰的；

（三）违反国家规定，对计算机信息系统中存储、处理、传输的数据和应用程序进行删除、修改、增加的；

（四）故意制作、传播计算机病毒等破坏性程序的；

（五）提供专门用于侵入、非法控制计算机信息系统的程序、工具，或者明知他人实施侵入、非法控制计算机信息系统的违法犯罪行为而为其提供程序、工具的。

★★　第三十四条　【对组织、领导传销活动，胁迫、诱骗他人参加传销活动行为的处罚】组织、领导传销活动的，处十日以上十五日以下拘留；情节较轻的，处五日以上十日以下拘留。

胁迫、诱骗他人参加传销活动的，处五日以上十日以下拘留；情节较重的，处十日以上十五日以下拘留。

**疑难注释**

下列人员可以认定为传销活动的组织者、领导者：（1）在传销活动中起发起、策划、操纵作用的人员；（2）在传销活动中承担管理、协调等职责的人员；（3）在传销活动中承担宣传、培训等职责的人员；（4）曾因组织、领导传销活动受过刑事处罚，或者1年以内因组织、领导传销活动受过行政处罚，又直接或者间接发展参与传销活动人员在15人以上且层级在三级以上的人员；（5）其他对传销活动的实施、传销组织的建立、扩大等起关键作用的人员。以单位名义实施组织、领导传销活动犯罪的，对于受单位指派，仅从事劳务性工作的人员，一般不予追究

刑事责任。(参见《最高人民法院、最高人民检察院、公安部关于办理组织领导传销活动刑事案件适用法律若干问题的意见》第2条)

★★ **第三十五条** 【对从事有损英雄烈士保护等行为的处罚】有下列行为之一的，处五日以上十日以下拘留或者一千元以上三千元以下罚款；情节较重的，处十日以上十五日以下拘留，可以并处五千元以下罚款：

（一）在国家举行庆祝、纪念、缅怀、公祭等重要活动的场所及周边管控区域，故意从事与活动主题和氛围相违背的行为，不听劝阻，造成不良社会影响的；

（二）在英雄烈士纪念设施保护范围内从事有损纪念英雄烈士环境和氛围的活动，不听劝阻的，或者侵占、破坏、污损英雄烈士纪念设施的；

（三）以侮辱、诽谤或者其他方式侵害英雄烈士的姓名、肖像、名誉、荣誉，损害社会公共利益的；

（四）亵渎、否定英雄烈士事迹和精神，或者制作、传播、散布宣扬、美化侵略战争、侵略行为的言论或者图片、音视频等物品，扰乱公共秩序的；

（五）在公共场所或者强制他人在公共场所穿着、佩戴宣扬、美化侵略战争、侵略行为的服饰、标志，不听劝阻，造成不良社会影响的。

**疑难注释**

侵害英雄烈士等的姓名、肖像、名誉、荣誉，损害社会公共利益的，应当承担民事责任。（参见《民法典》第 185 条）

侮辱、诽谤或者以其他方式侵害英雄烈士的名誉、荣誉，损害社会公共利益，情节严重的，处 3 年以下有期徒刑、拘役、管制或者剥夺政治权利。（参见《刑法》第 299 条之一）

## 第二节　妨害公共安全的行为和处罚

**第三十六条**　【对违反危险物质管理行为的处

罚】违反国家规定，制造、买卖、储存、运输、邮寄、携带、使用、提供、处置爆炸性、毒害性、放射性、腐蚀性物质或者传染病病原体等危险物质的，处十日以上十五日以下拘留；情节较轻的，处五日以上十日以下拘留。

**疑难注释**

非法制造、买卖、运输、储存毒害性、放射性、传染病病原体等物质，危害公共安全的，处3年以上10年以下有期徒刑；情节严重的，处10年以上有期徒刑、无期徒刑或者死刑。（参见《刑法》第125条第2款）

**第三十七条　【对危险物质被盗、被抢、丢失不报行为的处罚】**爆炸性、毒害性、放射性、腐蚀性物质或者传染病病原体等危险物质被盗、被抢或者丢失，未按规定报告的，处五日以下拘留；故意隐瞒不报的，处五日以上十日以下拘留。

**疑难注释**

　　剧毒化学品、易制爆危险化学品在道路运输途中丢失、被盗、被抢或者出现流散、泄漏等情况的，驾驶人员、押运人员应当立即采取相应的警示措施和安全措施，并向当地公安机关报告。公安机关接到报告后，应当根据实际情况立即向安全生产监督管理部门、环境保护主管部门、卫生主管部门通报。有关部门应当采取必要的应急处置措施。（参见《危险化学品安全管理条例》第51条）

　　**第三十八条　【对非法携带管制器具行为的处罚】**非法携带枪支、弹药或者弩、匕首等国家规定的管制器具的，处五日以下拘留，可以并处一千元以下罚款；情节较轻的，处警告或者五百元以下罚款。

　　非法携带枪支、弹药或者弩、匕首等国家规定的管制器具进入公共场所或者公共交通工具的，处五日以上十日以下拘留，可以并处一千元以下罚款。

**疑难注释**

非法携带枪支、弹药、管制刀具或者爆炸性、易燃性、放射性、毒害性、腐蚀性物品，进入公共场所或者公共交通工具，危及公共安全，情节严重的，处3年以下有期徒刑、拘役或者管制。（参见《刑法》第130条）

★ **第三十九条** 【对盗窃、损毁公共设施或移动、损毁边境标志设施等行为的处罚】有下列行为之一的，处十日以上十五日以下拘留；情节较轻的，处五日以下拘留：

（一）盗窃、损毁油气管道设施、电力电信设施、广播电视设施、水利工程设施、公共供水设施、公路及附属设施或者水文监测、测量、气象测报、生态环境监测、地质监测、地震监测等公共设施，危及公共安全的；

（二）移动、损毁国家边境的界碑、界桩以及其他边境标志、边境设施或者领土、领海基点标志设施的；

（三）非法进行影响国（边）界线走向的活动或者修建有碍国（边）境管理的设施的。

**疑难注释**

破坏电力、燃气或者其他易燃易爆设备，危害公共安全，尚未造成严重后果的，处3年以上10年以下有期徒刑。（参见《刑法》第118条）

破坏广播电视设施、公用电信设施，危害公共安全的，处3年以上7年以下有期徒刑；造成严重后果的，处7年以上有期徒刑。（参见《刑法》第124条第1款）

故意破坏国家边境的界碑、界桩或者永久性测量标志的，处3年以下有期徒刑或者拘役。（参见《刑法》第323条）

★　第四十条　【对妨害航空器飞行安全行为、干扰公共交通工具正常行驶行为的处罚】盗窃、损坏、擅自移动使用中的航空设施，或者强行进入航空器驾驶舱的，处十日以上十五日以下拘留。

在使用中的航空器上使用可能影响导航系统正常功能的器具、工具，不听劝阻的，处五日以下拘留或者一千元以下罚款。

盗窃、损坏、擅自移动使用中的其他公共交通工具设施、设备，或者以抢控驾驶操纵装置、拉扯、殴打驾驶人员等方式，干扰公共交通工具正常行驶的，处五日以下拘留或者一千元以下罚款；情节较重的，处五日以上十日以下拘留。

## 疑难注释

根据《刑法》关于"劫持航空器罪"的规定："以暴力、胁迫或者其他方法劫持航空器的，处十年以上有期徒刑或者无期徒刑；致人重伤、死亡或者使航空器遭受严重破坏的，处死刑。"（参见《刑法》第121条）

根据《刑法》关于"暴力危及飞行安全罪"的规定："对飞行中的航空器上的人员使用暴力，

危及飞行安全，尚未造成严重后果的，处五年以下有期徒刑或者拘役；造成严重后果的，处五年以上有期徒刑。"（参见《刑法》第123条）

根据《刑法》关于"妨害安全驾驶罪"的规定："对行驶中的公共交通工具的驾驶人员使用暴力或者抢控驾驶操纵装置，干扰公共交通工具正常行驶，危及公共安全的，处一年以下有期徒刑、拘役或者管制，并处或者单处罚金。前款规定的驾驶人员在行驶的公共交通工具上擅离职守，与他人互殴或者殴打他人，危及公共安全的，依照前款的规定处罚。有前两款行为，同时构成其他犯罪的，依照处罚较重的规定定罪处罚。"（参见《刑法》第133条之二）

★　**第四十一条**　**【对妨害铁路、城市轨道交通运行安全行为的处罚】**有下列行为之一的，处五日以上十日以下拘留，可以并处一千元以下罚款；情节较轻的，处五日以下拘留或者一千元以下罚款：

（一）盗窃、损毁、擅自移动铁路、城市轨道交通设施、设备、机车车辆配件或者安全标志的；

（二）在铁路、城市轨道交通线路上放置障碍物，或者故意向列车投掷物品的；

（三）在铁路、城市轨道交通线路、桥梁、隧道、涵洞处挖掘坑穴、采石取沙的；

（四）在铁路、城市轨道交通线路上私设道口或者平交过道的。

**疑难注释**

任何单位和个人不得实施下列危害城市公共交通运营安全的行为：（1）非法拦截或者强行上下城市公共交通车辆；（2）非法占用城市公共交通场站或者出入口；（3）擅自进入城市轨道交通线路、车辆基地、控制中心、列车驾驶室或者其他禁止非工作人员进入的区域；（4）向城市公共交通车辆投掷物品或者在城市轨道交通线路上放置障碍物；（5）故意损坏或者擅自移动、遮挡城市公共交通站牌、安全警示标志、监控设备、安全防护设备；（6）在非紧急状态下擅自操作有安全警示标志的安全设备；（7）干扰、阻碍城市公共交通车辆驾驶员安全驾驶；（8）其他危害城市公共交通运营安全的行为。城市公共交通企业发现前述行为的，应当及时予以制止，并采取措施消除安全隐患，必要时报请有关部门依法处理。（参见《城市公共交通条例》第36条）

**★★　第四十二条　【对影响铁路、城市轨道交通行车安全行为的处罚】** 擅自进入铁路、城市轨道交通防护网或者火车、城市轨道交通列车来临时在铁路、城市轨道交通线路上行走坐卧，抢越铁路、城市轨道，影响行车安全的，处警告或者五百元以下罚款。

### 疑难注释

禁止在铁路线路上行走、坐卧。对在铁路线路上行走、坐卧的，铁路职工有权制止。（参见《铁路法》第51条）

★ **第四十三条** 【对妨害公共设施、公共道路、公共场所安全行为的处罚】有下列行为之一的，处五日以下拘留或者一千元以下罚款；情节严重的，处十日以上十五日以下拘留，可以并处一千元以下罚款：

（一）未经批准，安装、使用电网的，或者安装、使用电网不符合安全规定的；

（二）在车辆、行人通行的地方施工，对沟井坎穴不设覆盖物、防围和警示标志的，或者故意损毁、移动覆盖物、防围和警示标志的；

（三）盗窃、损毁路面井盖、照明等公共设施的；

（四）违反有关法律法规规定，升放携带明火的升空物体，有发生火灾事故危险，不听劝阻的；

（五）从建筑物或者其他高空抛掷物品，有危害他人人身安全、公私财产安全或者公共安全危险的。

**疑难注释**

根据《刑法》关于"高空抛物罪"的规定："从建筑物或者其他高空抛掷物品，情节严重的，处一年以下有期徒刑、拘役或者管制，并处或者单处罚金。有前款行为，同时构成其他犯罪的，依照处罚较重的规定定罪处罚。"（参见《刑法》第 291 条之二）

★★ **第四十四条** 【对举办大型群众性活动违规行为的处罚】举办体育、文化等大型群众性活动，违反有关规定，有发生安全事故危险，经公安机关责令改正而拒不改正或者无法改正的，责令停止活动，立即疏散；对其直接负责的主管人员和其他直接责任人员处五日以上十日以下拘留，并处一千元以上三千元以下罚款；情节较重的，处十日以上十五日以下拘留，并处三千元以上五千元以下罚款，可以同时责令六个月至一年以内不得举办大型群众性活动。

大型群众性活动，是指法人或者其他组织面向社会公众举办的每场次预计参加人数达到1000人以上的下列活动：（1）体育比赛活动；（2）演唱会、音乐会等文艺演出活动；（3）展览、展销等活动；（4）游园、灯会、庙会、花会、焰火晚会等活动；（5）人才招聘会、现场开奖的彩票销售等活动。（参见《大型群众性活动安全管理条例》第2条）

　　举办大型群众性活动违反安全管理规定，因而发生重大伤亡事故或者造成其他严重后果的，对直接负责的主管人员和其他直接责任人员，处3年以下有期徒刑或者拘役；情节特别恶劣的，处3年以上7年以下有期徒刑。（参见《刑法》第135条之一）

★★　第四十五条　【对违反公共场所安全规定行为的处罚】旅馆、饭店、影剧院、娱乐场、体育场馆、展览馆或者其他供社会公众活动的场所违反安全规定，致使该场所有发生安全事故危险，经公安机关责令改正而拒不改正的，对其直接负责的主管人员和其他直接责任人员处五日以下拘留；情节较重的，处五日以上十日以下拘留。

## 疑难注释

宾馆、商场、银行、车站、机场、体育场馆、娱乐场所等经营场所、公共场所的经营者、管理者或者群众性活动的组织者，未尽到安全保障义务，造成他人损害的，应当承担侵权责任。因第三人的行为造成他人损害的，由第三人承担侵权责任；经营者、管理者或者组织者未尽到安全保障义务的，承担相应的补充责任。经营者、管理者或者组织者承担补充责任后，可以向第三人追偿。（参见《民法典》第 1198 条）

公安机关责令改正，需要以书面的形式告知场所的经营管理人员，防止因告知不当、处罚前置的条件不充分，影响处罚的有效实施。对经公安机关通知即对安全隐患进行整改的场所，不应予以处罚。

**★★　第四十六条　【对违反规定飞行、升放民用无人驾驶航空器等升空物体行为的处罚】** 违反有关法律法规关于飞行空域管理规定，飞行民用无人驾驶航空器、航空运动器材，或者升放无人驾驶自由气球、系留气球等升空物体，情节较重的，处五日以上十日以下拘留。

　　飞行、升放前款规定的物体非法穿越国（边）境的，处十日以上十五日以下拘留。

**疑难注释**

　　民用无人驾驶航空器所有者应当依法进行实名登记，具体办法由国务院民用航空主管部门会同有关部门制定。涉及境外飞行的民用无人驾驶航空器，应当依法进行国籍登记。（参见《无人驾驶航空器飞行管理暂行条例》第10条）

　　禁止利用无人驾驶航空器实施下列行为：（1）违法拍摄军事设施、军工设施或者其他涉密场所；（2）扰乱机关、团体、企业、事业单位工作秩序或者公共场所秩序；（3）妨碍国家机关工作人员依法执行职务；（4）投放含有违反法律法规规定内容的宣传品或者其他物品；（5）危及公共设施、单位或者个人财产安全；（6）危及他人生命健康，非法采集信息，或者侵犯他人其他人身权益；（7）非法获取、泄露国家秘密，或者违法向境外提供数据信息；（8）法律法规禁止的其他行为。（参见《无人驾驶航空器飞行管理暂行条例》第34条）

## 第三节　侵犯人身权利、财产权利的行为和处罚

★　**第四十七条　【对恐怖、残忍表演，强迫劳动，非法限制人身自由、侵入住宅、搜查行为的处罚】**

有下列行为之一的，处十日以上十五日以下拘留，并处一千元以上二千元以下罚款；情节较轻的，处五日以上十日以下拘留，并处一千元以下罚款：

（一）组织、胁迫、诱骗不满十六周岁的人或者残疾人进行恐怖、残忍表演的；

（二）以暴力、威胁或者其他手段强迫他人劳动的；

（三）非法限制他人人身自由、非法侵入他人住宅或者非法搜查他人身体的。

**疑难注释**

恐怖表演，是指营造凶杀、暴力等恐怖气氛的表演节目。残忍表演，是指对人的身体进行残酷折磨，以营造残忍气氛的表演项目。这些表演项目严重摧残不满 16 周岁的人和残疾人的身心健康，影响其正常身体发育，并且造成很坏的社会影响。

非法搜查他人身体、住宅，或者非法侵入他人住宅的，处 3 年以下有期徒刑或者拘役。司法工作人员滥用职权，犯前述罪的，从重处罚。（参见《刑法》第 245 条）

★ **第四十八条** 【对组织、胁迫未成年人从事有偿陪侍活动行为的处罚】组织、胁迫未成年人在不适宜未成年人活动的经营场所从事陪酒、陪唱等有偿陪侍活动的，处十日以上十五日以下拘留，并处五千元以下罚款；情节较轻的，处五日以下拘留或者五千元以下罚款。

**疑难注释**

营业性娱乐场所、酒吧、互联网上网服务营业场所等不适宜未成年人活动的场所不得招用已满 16 周岁的未成年人。（参见《未成年人保护法》第 61 条第 2 款）

★ **第四十九条** 【对胁迫、诱骗、利用他人乞讨和滋扰他人乞讨行为的处罚】胁迫、诱骗或者利用他人乞讨的，处十日以上十五日以下拘留，可以并处二千元以下罚款。

反复纠缠、强行讨要或者以其他滋扰他人的方式乞讨的，处五日以下拘留或者警告。

**疑难注释**

以暴力、胁迫手段组织残疾人或者不满 14 周岁的未成年人乞讨的，处 3 年以下有期徒刑或者拘役，并处罚金；情节严重的，处 3 年以上 7 年以下有期徒刑，并处罚金。（参见《刑法》第 262 条之一）

★★ **第五十条** 【对威胁他人人身安全，侮辱、诽谤，诬告陷害，威胁证人，干扰他人正常生活，侵犯他人隐私等行为的处罚】有下列行为之一的，处五日以下拘留或者一千元以下罚款；情节较重的，处五日以上十日以下拘留，可以并处一千元以下罚款：

（一）写恐吓信或者以其他方法威胁他人人身安全的；

（二）公然侮辱他人或者捏造事实诽谤他人的；

（三）捏造事实诬告陷害他人，企图使他人受到刑事追究或者受到治安管理处罚的；

（四）对证人及其近亲属进行威胁、侮辱、殴打或者打击报复的；

（五）多次发送淫秽、侮辱、恐吓等信息或者采取滋扰、纠缠、跟踪等方法，干扰他人正常生活的；

（六）偷窥、偷拍、窃听、散布他人隐私的。

有前款第五项规定的滋扰、纠缠、跟踪行为的，除依照前款规定给予处罚外，经公安机关负责人批准，可以责令其一定期限内禁止接触被侵害人。对违反禁止接触规定的，处五日以上十日以下拘留，可以并处一千元以下罚款。

**疑难注释**

根据《刑法》关于"诬告陷害罪"的规定："捏造事实诬告陷害他人，意图使他人受刑事追究，情节严重的，处三年以下有期徒刑、拘役或者管制；造成严重后果的，处三年以上十年以下有期徒刑。国家机关工作人员犯前款罪的，从重处罚。不是有意诬陷，而是错告，或者检举失实的，不适用前两款的规定。"（参见《刑法》第243条）

根据《刑法》关于"侮辱罪""诽谤罪"的规定："以暴力或者其他方法公然侮辱他人或者捏造事实诽谤他人，情节严重的，处三年以下有期徒刑、拘役、管制或者剥夺政治权利。前款罪，告诉的才处理，但是严重危害社会秩序和国家利益的除外。通过信息网络实施第一款规定的行为，被害人向人民法院告诉，但提供证据确有困难的，人民法院可以要求公安机关提供协助。"（参见《刑法》第246条）

**☆☆　第五十一条　【对殴打或故意伤害他人身体行为的处罚】**殴打他人的，或者故意伤害他人身体的，处五日以上十日以下拘留，并处五百元以上一千元以下罚款；情节较轻的，处五日以下拘留或者一千元以下罚款。

有下列情形之一的，处十日以上十五日以下拘留，并处一千元以上二千元以下罚款：

（一）结伙殴打、伤害他人的；

（二）殴打、伤害残疾人、孕妇、不满十四周岁的人或者七十周岁以上的人的；

（三）多次殴打、伤害他人或者一次殴打、伤害多人的。

### 疑难注释

殴打他人，是指行为人公然打人，其行为方式主要是拳打脚踢，一般只是造成他人身体皮肉暂时的疼痛，被打的人并不一定会受伤。故意伤害他人身体，是指非法损害他人身体健康的行为。

伤害他人的形式是多种多样的，包括用石头、棍棒打人，驱使动物咬人，用针扎人，用开水烫人等。这种伤害行为已经给他人的身体造成了轻微伤害，但尚不构成犯罪。

注意，对违反本条第 2 款第 2 项规定行为的处罚，不要求行为人主观上必须明知殴打、伤害的对象为残疾人、孕妇、不满 14 周岁的人或者 70 周岁以上的人。

★ **第五十二条** **【对猥亵他人和在公共场所故意裸露身体隐私部位行为的处罚】**猥亵他人的，处五日以上十日以下拘留；猥亵精神病人、智力残疾人、不满十四周岁的人或者有其他严重情节的，处十日以上十五日以下拘留。

在公共场所故意裸露身体隐私部位的，处警告或者五百元以下罚款；情节恶劣的，处五日以上十日以下拘留。

**疑难注释**

以暴力、胁迫或者其他方法强制猥亵他人或者侮辱妇女的，处5年以下有期徒刑或者拘役。聚众或者在公共场所当众犯前述罪的，或者有其他恶劣情节的，处5年以上有期徒刑。猥亵儿童的，处5年以下有期徒刑；有下列情形之一的，处5年以上有期徒刑：（1）猥亵儿童多人或者多次的；（2）聚众猥亵儿童的，或者在公共场所当众猥亵儿童，情节恶劣的；（3）造成儿童伤害或者其他严重后果的；（4）猥亵手段恶劣或者有其他恶劣情节的。（参见《刑法》第237条）

★★　**第五十三条　【对虐待家庭成员以及被监护、看护的人，遗弃被扶养人行为的处罚】**有下列行为之一的，处五日以下拘留或者警告；情节较重的，处五日以上十日以下拘留，可以并处一千元以下罚款：

（一）虐待家庭成员，被虐待人或者其监护人要求处理的；

（二）对未成年人、老年人、患病的人、残疾人等负有监护、看护职责的人虐待被监护、看护的人的；

（三）遗弃没有独立生活能力的被扶养人的。

**疑难注释**

根据《刑法》关于"虐待罪"的规定："虐待家庭成员，情节恶劣的，处二年以下有期徒刑、拘役或者管制。犯前款罪，致使被害人重伤、死亡的，处二年以上七年以下有期徒刑。第一款罪，告诉的才处理，但被害人没有能力告诉，或者因受到强制、威吓无法告诉的除外。"（参见《刑法》第260条）

根据《刑法》关于"虐待被监护、看护人罪"的规定："对未成年人、老年人、患病的人、残疾人等负有监护、看护职责的人虐待被监护、看护的人，情节恶劣的，处三年以下有期徒刑或者拘役。单位犯前款罪的，对单位判处罚金，并对其直接负责的主管人员和其他直接责任人员，依照前款的规定处罚。有第一款行为，同时构成其他犯罪的，依照处罚较重的规定定罪处罚。"（参见《刑法》第 260 条之一）

根据《刑法》关于"遗弃罪"的规定："对于年老、年幼、患病或者其他没有独立生活能力的人，负有扶养义务而拒绝扶养，情节恶劣的，处五年以下有期徒刑、拘役或者管制。"（参见《刑法》第 261 条）

★ **第五十四条　【对强迫交易行为的处罚】**强买强卖商品，强迫他人提供服务或者强迫他人接受服务的，处五日以上十日以下拘留，并处三千元以上五千元以下罚款；情节较轻的，处五日以下拘留或者一千元以下罚款。

**疑难注释**

　　以暴力、威胁手段，实施下列行为之一，情节严重的，处3年以下有期徒刑或者拘役，并处或者单处罚金；情节特别严重的，处3年以上7年以下有期徒刑，并处罚金：（1）强买强卖商品的；（2）强迫他人提供或者接受服务的；（3）强迫他人参与或者退出投标、拍卖的；（4）强迫他人转让或者收购公司、企业的股份、债券或者其他资产的；（5）强迫他人参与或者退出特定的经营活动的。（参见《刑法》第226条）

　　**第五十五条**　**【对煽动民族仇恨、民族歧视，刊载民族歧视、侮辱内容行为的处罚】** 煽动民族仇恨、民族歧视，或者在出版物、信息网络中刊载民族歧视、侮辱内容的，处十日以上十五日以下拘留，可以并处三千元以下罚款；情节较轻的，处五日以下拘留或者三千元以下罚款。

**疑难注释**

煽动民族仇恨、民族歧视，情节严重的，处3年以下有期徒刑、拘役、管制或者剥夺政治权利；情节特别严重的，处3年以上10年以下有期徒刑。（参见《刑法》第249条）

在出版物中刊载歧视、侮辱少数民族的内容，情节恶劣，造成严重后果的，对直接责任人员，处3年以下有期徒刑、拘役或者管制。（参见《刑法》第250条）

★ **第五十六条** 【对违反规定向他人出售或者提供个人信息、非法获取个人信息行为的处罚】违反国家有关规定，向他人出售或者提供个人信息的，处十日以上十五日以下拘留；情节较轻的，处五日以下拘留。

窃取或者以其他方法非法获取个人信息的，依照前款的规定处罚。

个人信息是以电子或者其他方式记录的与已识别或者可识别的自然人有关的各种信息，不包括匿名化处理后的信息。个人信息的处理包括个人信息的收集、存储、使用、加工、传输、提供、公开、删除等。（参见《个人信息保护法》第4条）

　　根据《刑法》关于"侵犯公民个人信息罪"的规定："违反国家有关规定，向他人出售或者提供公民个人信息，情节严重的，处三年以下有期徒刑或者拘役，并处或者单处罚金；情节特别严重的，处三年以上七年以下有期徒刑，并处罚金。违反国家有关规定，将在履行职责或者提供服务过程中获得的公民个人信息，出售或者提供给他人的，依照前款的规定从重处罚。窃取或者以其他方法非法获取公民个人信息的，依照第一款的规定处罚。单位犯前三款罪的，对单位判处罚金，并对其直接负责的主管人员和其他直接责

任人员，依照各该款的规定处罚。"（参见《刑法》第253条之一）

★ **第五十七条** 【对侵犯他人邮件、快件行为的处罚】冒领、隐匿、毁弃、倒卖、私自开拆或者非法检查他人邮件、快件的，处警告或者一千元以下罚款；情节较重的，处五日以上十日以下拘留。

**疑难注释**

如果行为人误将他人的邮件当作自己的邮件拿走，或者误将他人的邮件当作自己的邮件而开拆，或因疏忽大意丢失他人邮件等，不属于本条规定的违反治安管理行为。

**第五十八条** 【对盗窃、诈骗、哄抢、抢夺、敲诈勒索行为的处罚】盗窃、诈骗、哄抢、抢夺或者敲诈勒索的，处五日以上十日以下拘留或者二千元以下罚款；情节较重的，处十日以上十五日以下拘留，可以并处三千元以下罚款。

**疑难注释**

　　盗窃，是指以非法占有为目的，秘密窃取少量公私财物，尚不构成刑事犯罪的行为。诈骗，是指以非法占有为目的，用虚构事实或者隐瞒真相的方法骗得少量公私财物的行为。哄抢，是指以非法占有为目的，乘乱夺取少量公私财物，尚不构成刑事犯罪的行为。抢夺，是以非法占有为目的，公然夺取公私财物，尚不构成刑事犯罪的行为。敲诈勒索，是以非法占有为目的，对公私财物的所有人、管理人使用威胁或要挟的方法，勒索少量公私财物，尚不构成刑事犯罪的行为。

　　**第五十九条　【对故意损毁公私财物行为的处罚】** 故意损毁公私财物的，处五日以下拘留或者一千元以下罚款；情节较重的，处五日以上十日以下拘留，可以并处三千元以下罚款。

故意毁坏公私财物，数额较大或者有其他严重情节的，处3年以下有期徒刑、拘役或者罚金；数额巨大或者有其他特别严重情节的，处3年以上7年以下有期徒刑。（参见《刑法》第275条）

**第六十条　【对学生欺凌行为的处罚和学校违反报告处置义务行为的处罚】**以殴打、侮辱、恐吓等方式实施学生欺凌，违反治安管理的，公安机关应当依照本法、《中华人民共和国预防未成年人犯罪法》的规定，给予治安管理处罚、采取相应矫治教育等措施。

学校违反有关法律法规规定，明知发生严重的学生欺凌或者明知发生其他侵害未成年学生的犯罪，不按规定报告或者处置的，责令改正，对其直接负责的主管人员和其他直接责任人员，建议有关部门依法予以处分。

学生欺凌，是指发生在学生之间，一方蓄意或者恶意通过肢体、语言及网络等手段实施欺压、侮辱，造成另一方人身伤害、财产损失或者精神损害的行为。(参见《未成年人保护法》第130条第3项)

学校应当建立学生欺凌防控工作制度，对教职员工、学生等开展防治学生欺凌的教育和培训。学校对学生欺凌行为应当立即制止，通知实施欺凌和被欺凌未成年学生的父母或者其他监护人参与欺凌行为的认定和处理；对相关未成年学生及时给予心理辅导、教育和引导；对相关未成年学生的父母或者其他监护人给予必要的家庭教育指导。对实施欺凌的未成年学生，学校应当根据欺凌行为的性质和程度，依法加强管教。对严重的欺凌行为，学校不得隐瞒，应当及时向公安机关、教育行政部门报告，并配合相关部门依法处理。(参见《未成年人保护法》第39条)

　　教育行政部门应当会同有关部门建立学生欺凌防控制度。学校应当加强日常安全管理，完善学生欺凌发现和处置的工作流程，严格排查并及时消除可能导致学生欺凌行为的各种隐患。（参见《预防未成年人犯罪法》第20条）

## 第四节　妨害社会管理的行为和处罚

★　**第六十一条　【对拒不执行紧急状态决定、命令和阻碍执行职务行为的处罚】** 有下列行为之一的，处警告或者五百元以下罚款；情节严重的，处五日以上十日以下拘留，可以并处一千元以下罚款：

　　（一）拒不执行人民政府在紧急状态情况下依法发布的决定、命令的；

　　（二）阻碍国家机关工作人员依法执行职务的；

　　（三）阻碍执行紧急任务的消防车、救护车、工程抢险车、警车或者执行上述紧急任务的专用船舶通行的；

（四）强行冲闯公安机关设置的警戒带、警戒区或者检查点的。

阻碍人民警察依法执行职务的，从重处罚。

疑难注释

　　突发事件，是指突然发生，造成或者可能造成严重社会危害，需要采取应急处置措施予以应对的自然灾害、事故灾难、公共卫生事件和社会安全事件。（参见《突发事件应对法》第2条第1款）

　　单位或者个人违反《突发事件应对法》规定，不服从所在地人民政府及其有关部门依法发布的决定、命令或者不配合其依法采取的措施的，责令改正；造成严重后果的，依法给予行政处罚；负有直接责任的人员是公职人员的，还应当依法给予处分。（参见《突发事件应对法》第98条）

★　**第六十二条　【对招摇撞骗行为的处罚】**冒充国家机关工作人员招摇撞骗的，处十日以上十五日以下拘留，可以并处一千元以下罚款；情节较轻的，处五日以上十日以下拘留。

冒充军警人员招摇撞骗的，从重处罚。

盗用、冒用个人、组织的身份、名义或者以其他虚假身份招摇撞骗的，处五日以下拘留或者一千元以下罚款；情节较重的，处五日以上十日以下拘留，可以并处一千元以下罚款。

**疑难注释**

冒充国家机关工作人员招摇撞骗的，处3年以下有期徒刑、拘役、管制或者剥夺政治权利；情节严重的，处3年以上10年以下有期徒刑。冒充人民警察招摇撞骗的，依照前款的规定从重处罚。（参见《刑法》第279条）

冒充军人招摇撞骗的，处3年以下有期徒刑、拘役、管制或者剥夺政治权利；情节严重的，处3年以上10年以下有期徒刑。（参见《刑法》第372条）

第六十三条　【对伪造、变造、买卖、出租、出借公文、证件、证明文件、印章、有价票证、凭证、船舶户牌等行为的处罚】有下列行为之一的，处十日以上十五日以下拘留，可以并处五千元以下罚款；情节较轻的，处五日以上十日以下拘留，可以并处三千元以下罚款：

（一）伪造、变造或者买卖国家机关、人民团体、企业、事业单位或者其他组织的公文、证件、证明文件、印章的；

（二）出租、出借国家机关、人民团体、企业、事业单位或者其他组织的公文、证件、证明文件、印章供他人非法使用的；

（三）买卖或者使用伪造、变造的国家机关、人民团体、企业、事业单位或者其他组织的公文、证件、证明文件、印章的；

（四）伪造、变造或者倒卖车票、船票、航空客票、文艺演出票、体育比赛入场券或者其他有价票证、凭证的；

（五）伪造、变造船舶户牌，买卖或者使用伪造、变造的船舶户牌，或者涂改船舶发动机号码的。

## 疑难注释

伪造或者倒卖伪造的车票、船票、邮票或者其他有价票证，数额较大的，处 2 年以下有期徒刑、拘役或者管制，并处或者单处票证价额 1 倍以上 5 倍以下罚金；数额巨大的，处 2 年以上 7 年以下有期徒刑，并处票证价额 1 倍以上 5 倍以下罚金。倒卖车票、船票，情节严重的，处 3 年以下有期徒刑、拘役或者管制，并处或者单处票证价额 1 倍以上 5 倍以下罚金。（参见《刑法》第 227 条）

伪造、变造、买卖或者盗窃、抢夺、毁灭国家机关的公文、证件、印章的，处 3 年以下有期徒刑、拘役、管制或者剥夺政治权利，并处罚金；情节严重的，处 3 年以上 10 年以下有期徒刑，并处罚金。伪造公司、企业、事业单位、人民团体的印章的，处 3 年以下有期徒刑、拘役、管制或者剥夺政治权利，并处罚金。伪造、变造、买卖居民身份证、护照、社会保障卡、驾驶证等依法可以用于证明身份的证件的，处3年以下有期徒刑、拘役、管制或者剥夺政治权利，并处罚金；情节严重的，处3年以上7年以下有期徒刑，并处罚金。(参见《刑法》第280条)

第六十四条　【对船舶擅自进入、停靠禁止、限制进入的水域或者岛屿行为的处罚】船舶擅自进入、停靠国家禁止、限制进入的水域或者岛屿的，对船舶负责人及有关责任人员处一千元以上二千元以下罚款；情节严重的，处五日以下拘留，可以并处二千元以下罚款。

第六十五条　【对违反规定以社会组织名义进行活动、非法经营行为的处罚】有下列行为之一的，处十日以上十五日以下拘留，可以并处五千元以下罚款；情节较轻的，处五日以上十日以下拘留或者一千元以上三千元以下罚款：

(一)违反国家规定，未经注册登记，以社会团体、基金会、社会服务机构等社会组织名义进行活动，被取缔后，仍进行活动的；

（二）被依法撤销登记或者吊销登记证书的社会团体、基金会、社会服务机构等社会组织，仍以原社会组织名义进行活动的；

（三）未经许可，擅自经营按照国家规定需要由公安机关许可的行业的。

有前款第三项行为的，予以取缔。被取缔一年以内又实施的，处十日以上十五日以下拘留，并处三千元以上五千元以下罚款。

取得公安机关许可的经营者，违反国家有关管理规定，情节严重的，公安机关可以吊销许可证件。

**第六十六条**　【对煽动、策划非法集会、游行、示威行为的处罚】煽动、策划非法集会、游行、示威，不听劝阻的，处十日以上十五日以下拘留。

**疑难注释**

集会、游行、示威应当和平地进行，不得携带武器、管制刀具和爆炸物，不得使用暴力或者煽

动使用暴力。(参见《集会游行示威法》第 5 条)

举行集会、游行、示威，不得违反治安管理法规，不得进行犯罪活动或者煽动犯罪。(参见《集会游行示威法》第 26 条)

举行集会、游行、示威，未依照法律规定申请或者申请未获许可，或者未按照主管机关许可的起止时间、地点、路线进行，又拒不服从解散命令，严重破坏社会秩序的，对集会、游行、示威的负责人和直接责任人员，处 5 年以下有期徒刑、拘役、管制或者剥夺政治权利。(参见《刑法》第 296 条)

★★　第六十七条　【对从事旅馆业经营活动违规行为的处罚】从事旅馆业经营活动不按规定登记住宿人员姓名、有效身份证件种类和号码等信息的，或者为身份不明、拒绝登记身份信息的人提供住宿服务的，对其直接负责的主管人员和其他直接责任人员处五百元以上一千元以下罚款；情节较轻的，处警告或者五百元以下罚款。

实施前款行为，妨害反恐怖主义工作进行，违反《中华人民共和国反恐怖主义法》规定的，依照其规定处罚。

从事旅馆业经营活动有下列行为之一的，对其直接负责的主管人员和其他直接责任人员处一千元以上三千元以下罚款；情节严重的，处五日以下拘留，可以并处三千元以上五千元以下罚款：

（一）明知住宿人员违反规定将危险物质带入住宿区域，不予制止的；

（二）明知住宿人员是犯罪嫌疑人员或者被公安机关通缉的人员，不向公安机关报告的；

（三）明知住宿人员利用旅馆实施犯罪活动，不向公安机关报告的。

## 疑难注释

旅馆工作人员发现违法犯罪分子，形迹可疑的人员和被公安机关通缉的罪犯，应当立即向当地公安机关报告，不得知情不报或隐瞒包庇。
（参见《旅馆业治安管理办法》第 9 条）

★★　**第六十八条　【对违法出租房屋行为的处罚】**
房屋出租人将房屋出租给身份不明、拒绝登记身份信息的人的，或者不按规定登记承租人姓名、有效身份证件种类和号码等信息的，处五百元以上一千元以下罚款；情节较轻的，处警告或者五百元以下罚款。

　　房屋出租人明知承租人利用出租房屋实施犯罪活动，不向公安机关报告的，处一千元以上三千元以下罚款；情节严重的，处五日以下拘留，可以并处三千元以上五千元以下罚款。

**疑难注释**

　　房屋出租人的治安责任：（1）不准将房屋出租给无合法有效证件的承租人；（2）与承租人

签订租赁合同，承租人是外来暂住人员的，应当带领其到公安派出所申报暂住户口登记，并办理暂住证；（3）对承租人的姓名、性别、年龄、常住户口所在地、职业或者主要经济来源、服务处所等基本情况进行登记并向公安派出所备案；（4）发现承租人有违法犯罪活动或者有违法犯罪嫌疑的，应当及时报告公安机关；（5）对出租的房屋经常进行安全检查，及时发现和排除不安全隐患，保障承租人的居住安全；（6）房屋停止租赁的，应当到公安派出所办理注销手续；（7）房屋出租单位或者个人委托代理人管理出租房屋的，代理人必须遵守有关规定，承担相应责任。（参见《租赁房屋治安管理规定》第7条）

**第六十九条　【对娱乐场所和公章刻制、机动车修理、报废机动车回收行业经营者不依法登记信息行为的处罚】** 娱乐场所和公章刻制、机动车修理、报废机动车回收行业经营者违反法律法规关于要求登记信息的规定，不登记信息的，处警告；拒不改正或者造成后果的，对其直接负责的主管人员和其他直接责任人员处五日以下拘留或者三千元以下罚款。

**第七十条　【对非法安装、使用、提供窃听、窃照专用器材行为的处罚】**非法安装、使用、提供窃听、窃照专用器材的，处五日以下拘留或者一千元以上三千元以下罚款；情节较重的，处五日以上十日以下拘留，并处三千元以上五千元以下罚款。

疑难注释

非法使用窃听、窃照专用器材，造成严重后果的，处 2 年以下有期徒刑、拘役或者管制。（参见《刑法》第 284 条）

**第七十一条　【对违法典当、收购国家禁止收购物品行为的处罚】**有下列行为之一的，处一千元以上三千元以下罚款；情节严重的，处五日以上十日以下拘留，并处一千元以上三千元以下罚款：

（一）典当业工作人员承接典当的物品，<u>不查验有关证明、不履行登记手续的</u>，或者违反国家规定对明知是违法犯罪嫌疑人、赃物而不向公安机关报告的；

（二）违反国家规定，收购铁路、油田、供电、电信、矿山、水利、测量和城市公用设施等废旧专用器材的；

（三）收购公安机关通报寻查的赃物或者有赃物嫌疑的物品的；

（四）收购国家禁止收购的其他物品的。

**疑难注释**

典当行不得收当下列财物：（1）依法被查封、扣押或者已经被采取其他保全措施的财产；（2）赃物和来源不明的物品；（3）易燃、易爆、剧毒、放射性物品及其容器；（4）管制刀具，枪支、弹药，军、警用标志、制式服装和器械；（5）国家机关公文、印章及其管理的财物；（6）国家机关核发的除物权证书以外的证照及有效身份证件；（7）当户没有所有权或者未能依法取得处分权的财产；（8）法律、法规及国家有关规定禁止流通的自然资源或者其他财物。（参见《典当管理办法》第 27 条）

**★★　第七十二条　【对妨害执法办案行为的处罚】** 有下列行为之一的，处五日以上十日以下拘留，可以并处一千元以下罚款；情节较轻的，处警告或者一千元以下罚款：

（一）隐藏、转移、变卖、擅自使用或者损毁行政执法机关依法扣押、查封、冻结、扣留、先行登记保存的财物的；

（二）伪造、隐匿、毁灭证据或者提供虚假证言、谎报案情，影响行政执法机关依法办案的；

（三）明知是赃物而窝藏、转移或者代为销售的；

（四）被依法执行管制、剥夺政治权利或者在缓刑、暂予监外执行中的罪犯或者被依法采取刑事强制措施的人，有违反法律、行政法规或者国务院有关部门的监督管理规定的行为的。

## 疑难注释

　　本条是关于妨碍行政执法和司法行为的处罚规定。隐藏，是指将财物藏匿于隐蔽的处所，以躲避行政执法机关的执行；转移，是指变更财物所在的位置，使得行政执法机关无法有效控制该财物；变卖，是指通过交易的方式将财物变价，以躲避行政执法机关的执行；损毁，是指通过暴力或其他手段损坏财物的原有使用性质和用途，使其丧失应有的价值，导致行政决定实际上无法执行的行为。赃物，是指行为人利用非法手段取得的各种物品、资料，包括以抢劫、抢夺、诈骗、敲诈勒索和偷盗、哄抢等方式取得的各种物品。

★★　第七十三条　【对违反禁止令、职业禁止决定、禁止告诫书、禁止接触保护措施行为的处罚】有下列行为之一的，处警告或者一千元以下罚款；情节较重的，处五日以上十日以下拘留，可以并处一千元以下罚款：

（一）违反人民法院刑事判决中的禁止令或者职业禁止决定的；

（二）拒不执行公安机关依照《中华人民共和国反家庭暴力法》、《中华人民共和国妇女权益保障法》出具的禁止家庭暴力告诫书、禁止性骚扰告诫书的；

（三）违反监察机关在监察工作中、司法机关在刑事诉讼中依法采取的禁止接触证人、鉴定人、被害人及其近亲属保护措施的。

**疑难注释**

判处管制，可以根据犯罪情况，同时禁止犯罪分子在执行期间从事特定活动，进入特定区域、场所，接触特定的人。（参见《刑法》第38条第2款）

　　家庭暴力情节较轻，依法不给予治安管理处罚的，由公安机关对加害人给予批评教育或者出具告诫书。告诫书应当包括加害人的身份信息、家庭暴力的事实陈述、禁止加害人实施家庭暴力等内容。（参见《反家庭暴力法》第 16 条）

**第七十四条　【对逃脱关押行为的处罚】**依法被关押的违法行为人脱逃的，处十日以上十五日以下拘留；情节较轻的，处五日以上十日以下拘留。

**疑难注释**

　　依法被关押的罪犯、被告人、犯罪嫌疑人脱逃的，处 5 年以下有期徒刑或者拘役。（参见《刑法》第 316 条第 1 款）

**第七十五条　【对妨害文物管理行为的处罚】**有下列行为之一的，处警告或者五百元以下罚款；情节较重的，处五日以上十日以下拘留，并处五百元以上一千元以下罚款：

（一）刻划、涂污或者以其他方式故意损坏国家保护的文物、名胜古迹的；

（二）违反国家规定，在文物保护单位附近进行爆破、钻探、挖掘等活动，危及文物安全的。

**疑难注释**

　　文物受国家保护。文物是指人类创造的或者与人类活动有关的，具有历史、艺术、科学价值的下列物质遗存：（1）古文化遗址、古墓葬、古建筑、石窟寺和古石刻、古壁画；（2）与重大历史事件、革命运动或者著名人物有关的以及具有重要纪念意义、教育意义或者史料价值的近代现代重要史迹、实物、代表性建筑；（3）历史上各时代珍贵的艺术品、工艺美术品；（4）历史上各时代重要的文献资料、手稿和图书资料等；（5）反映历史上各时代、各民族社会制度、社会生产、社会生活的代表性实物。文物认定的主体、标准和程序由国务院规定并公布。具有科学价值的古脊椎动物化石和古人类化石同文物一样受国家保护。(参见《文物保护法》第2条)

在旧城区改建、土地成片开发中，县级以上人民政府应当事先组织进行相关区域内不可移动文物调查，及时开展核定、登记、公布工作，并依法采取保护措施。未经调查，任何单位不得开工建设，防止建设性破坏。(参见《文物保护法》第24条)

故意损毁国家保护的珍贵文物或者被确定为全国重点文物保护单位、省级文物保护单位的文物的，处3年以下有期徒刑或者拘役，并处或者单处罚金；情节严重的，处3年以上10年以下有期徒刑，并处罚金。故意损毁国家保护的名胜古迹，情节严重的，处5年以下有期徒刑或者拘役，并处或者单处罚金。过失损毁国家保护的珍贵文物或者被确定为全国重点文物保护单位、省

级文物保护单位的文物，造成严重后果的，处3年以下有期徒刑或者拘役。（参见《刑法》第324条）

**第七十六条　【对非法驾驶交通工具行为的处罚】** 有下列行为之一的，处一千元以上二千元以下罚款；情节严重的，处十日以上十五日以下拘留，可以并处二千元以下罚款：

（一）偷开他人机动车的；

（二）未取得驾驶证驾驶或者偷开他人航空器、机动船舶的。

**疑难注释**

偷开，是指在不为机动车、航空器、机动船舶所有人知晓的情况下，行为人秘密开走机动车、航空器、机动船舶，使其不受所有人控制的行为。未取得驾驶证驾驶，是指没有经过专门的训练，没有取得合法的驾驶机动车、航空器、机动船舶的专业驾驶证书而从事驾驶的行为。

★　**第七十七条　【对破坏他人坟墓、尸骨、骨灰和违规停放尸体行为的处罚】**有下列行为之一的，处五日以上十日以下拘留；情节严重的，处十日以上十五日以下拘留，可以并处二千元以下罚款：

（一）故意破坏、污损他人坟墓或者毁坏、丢弃他人尸骨、骨灰的；

（二）在公共场所停放尸体或者因停放尸体影响他人正常生活、工作秩序，不听劝阻的。

**疑难注释**

　　本条规定了妨碍尸体管理的 3 种行为：故意破坏、污损他人坟墓；毁坏、丢弃他人尸骨、骨灰；在公共场所停放尸体或者因停放尸体影响他人正常生活、工作秩序，不听劝阻。这 3 种行为虽然客观表现不同，行为对象不同，但均是出于主观故意。破坏他人坟墓，是指挖掘、破坏他人坟墓、毁坏他人墓碑等行为。污损他人坟墓，是指用污秽物品泼洒在他人的坟墓上，也包括污损他人墓碑的行为。毁坏、丢弃他人尸骨、骨灰，是指将他人的尸骨进行破坏或者陈尸野外，将他人骨灰丢弃的行为。在公共场所停放尸体或者因停放尸体影响他人正常生活、工作秩序，不听劝阻的行为，不仅要有停放尸体的行为，且该行为须达到足以影响他人正常生活、工作秩序的程度，而且必须有不听他人或组织的劝阻的情节。

★★ **第七十八条** 【对卖淫、嫖娼和拉客招嫖行为的处罚】卖淫、嫖娼的，处十日以上十五日以下拘留，可以并处五千元以下罚款；情节较轻的，处五日以下拘留或者一千元以下罚款。

在公共场所拉客招嫖的，处五日以下拘留或者一千元以下罚款。

## 疑难注释

娱乐场所及其从业人员不得实施下列行为，不得为进入娱乐场所的人员实施下列行为提供条件：（1）贩卖、提供毒品，或者组织、强迫、教唆、引诱、欺骗、容留他人吸食、注射毒品；（2）组织、强迫、引诱、容留、介绍他人卖淫、嫖娼；（3）制作、贩卖、传播淫秽物品；（4）提供或者从事以营利为目的的陪侍；（5）赌博；（6）从事邪教、迷信活动；（7）其他违法犯罪行为。娱乐场所的从业人员不得吸食、注射毒品，不得卖淫、嫖娼；娱乐场所及其从业人员不得为进入娱乐场所的人员实施上述行为提供条件。（参见《娱乐场所管理条例》第14条）

娱乐场所应当在营业场所的大厅、包厢、包间内的显著位置悬挂含有禁毒、禁赌、禁止卖淫嫖娼等内容的警示标志、未成年人禁入或者限入标志。标志应当注明公安部门、文化主管部门的举报电话。（参见《娱乐场所管理条例》第30条）

✦ ✦　**第七十九条**　【对引诱、容留、介绍卖淫行为的处罚】引诱、容留、介绍他人卖淫的，处十日以上十五日以下拘留，可以并处五千元以下罚款；情节较轻的，处五日以下拘留或者一千元以上二千元以下罚款。

**疑难注释**

　　引诱他人卖淫，是指行为人为了达到某种目的，以金钱诱惑或者通过宣扬腐朽生活方式等手段，诱使没有卖淫习性的人从事卖淫活动的行为。

　　容留他人卖淫，是指行为人出于故意为卖淫嫖娼者的卖淫、嫖娼活动提供场所，使该活动得以进行的行为。

　　介绍他人卖淫，是指行为人为了获取非法利益，在卖淫者与嫖娼者之间牵线搭桥，使卖淫者与嫖客相识并进行卖淫嫖娼活动的行为。

　　**第八十条**　【对制作、运输、复制、出售、出租淫秽物品或者传播淫秽信息行为的处罚】制作、运输、复制、出售、出租淫秽的书刊、图片、影片、音像制品等淫秽物品或者利用信息网络、电话以及其他通讯工具传播淫秽信息的，处十日以上十五日以下拘留，可以并处五千元以下罚款；情节较轻的，处五日以下拘留或者一千元以上三千元以下罚款。

前款规定的淫秽物品或者淫秽信息中涉及未成年人的，从重处罚。

**疑难注释**

淫秽物品，是指具体描绘性行为或者露骨宣扬色情的诲淫性的书刊、影片、录像带、录音带、图片及其他淫秽物品。有关人体生理、医学知识的科学著作不是淫秽物品。包含有色情内容的有艺术价值的文学、艺术作品不视为淫秽物品。（参见《刑法》第367条）

**第八十一条　【对组织、参与淫秽活动的处罚】**

有下列行为之一的，处十日以上十五日以下拘留，并处一千元以上二千元以下罚款：

（一）组织播放淫秽音像的；

（二）组织或者进行淫秽表演的；

（三）参与聚众淫乱活动的。

明知他人从事前款活动，为其提供条件的，依照前款的规定处罚。

组织未成年人从事第一款活动的，从重处罚。

## 疑难注释

组织播放淫秽音像，是指播放淫秽电影、录像、幻灯片、录音带、激光唱片、存储有淫秽内容的计算机软件等音像制品，并召集多人观看、收听的行为。这里要追究的是组织多人观看淫秽音像的播放者，而不是向个人播放淫秽音像制品或者参与观看的人。行为人组织播放的行为并不是以营利为目的，其具体目的在认定本行为时并不考虑。另外，如果行为人播放淫秽物品给自己看而没有组织他人观看，不构成本行为。

组织淫秽表演，是指组织他人当众进行淫秽性的表演。组织行为，是指策划表演的过程，即纠集、招募、雇佣表演者，寻找、租用表演场地，招揽群众等组织演出的行为。进行淫秽表演，是指自己参与具体的淫秽表演。所谓淫秽表演，主要是指跳脱衣舞、裸体舞、性交表演、手淫口淫等表演。

聚众淫乱，是指在组织者或首要分子的组织、纠集下，多人聚集在一起进行淫乱活动，如进行性交表演、聚众奸宿等，且性别不限。因其会造成非常不良的社会影响，伤风败俗，扰乱正常的社会管理秩序，所以应予惩罚。本行为处罚的对象是聚众淫乱活动的参加者，行为人参与的次数不能超过3次，超过的则构成犯罪，对于组织者，只要有组织行为即构成犯罪。

**第八十二条　【对赌博行为的处罚】** 以营利为目的，为赌博提供条件的，或者参与赌博赌资较大的，处五日以下拘留或者一千元以下罚款；情节严重的，处十日以上十五日以下拘留，并处一千元以上五千元以下罚款。

**疑难注释**

　　注意本条规定的赌博行为与赌博罪的区别。《刑法》第 303 条规定："以营利为目的，聚众赌博或者以赌博为业的，处三年以下有期徒刑、拘役或者管制，并处罚金。开设赌场的，处五年以下有期徒刑、拘役或者管制，并处罚金；情节严重的，处五年以上十年以下有期徒刑，并处罚金。组织中华人民共和国公民参与国（境）外赌博，数额巨大或者有其他严重情节的，依照前款的规定处罚。"

★★　**第八十三条　【对涉及毒品原植物违法行为的处罚】** 有下列行为之一的，处十日以上十五日以下拘留，可以并处五千元以下罚款；情节较轻的，处五日以下拘留或者一千元以下罚款：

　　（一）非法种植罂粟不满五百株或者其他少量毒品原植物的；

　　（二）非法买卖、运输、携带、持有少量未经灭活的罂粟等毒品原植物种子或者幼苗的；

（三）非法运输、买卖、储存、使用少量罂粟壳的。

有前款第一项行为，在成熟前自行铲除的，不予处罚。

## 疑难注释

本条规定了针对毒品原植物进行违法活动的行为，其与《刑法》中规定的犯罪行为的不同之处在于数量少，因而不构成刑事犯罪。行为的方式主要有非法种植、买卖、运输、携带、持有、储存、使用等，由于毒品原植物及其种子、幼苗，甚至罂粟壳都可以用来制造毒品，会严重危害人身健康和社会安定，故应当对这些非法行为予以处罚。需要注意的是本条第2款的规定，毒品原植物在成熟之前，不是执法人员强制铲除，而是自行铲除的，不予处罚。不予处罚，是指只要有本款规定的情形，一律不予处罚。

　　国家对麻醉药品药用原植物种植实行管制。禁止非法种植罂粟、古柯植物、大麻植物以及国家规定管制的可以用于提炼加工毒品的其他原植物。禁止走私或者非法买卖、运输、携带、持有未经灭活的毒品原植物种子或者幼苗。地方各级人民政府发现非法种植毒品原植物的，应当立即采取措施予以制止、铲除。村民委员会、居民委员会发现非法种植毒品原植物的，应当及时予以制止、铲除，并向当地公安机关报告。（参见《禁毒法》第19条）

**☆☆　第八十四条　【对毒品违法行为的处罚】** 有下列行为之一的，处十日以上十五日以下拘留，可以并处三千元以下罚款；情节较轻的，处五日以下拘留或者一千元以下罚款：

　　（一）非法持有鸦片不满二百克、海洛因或者甲基苯丙胺不满十克或者其他少量毒品的；

　　（二）向他人提供毒品的；

（三）吸食、注射毒品的；

（四）胁迫、欺骗医务人员开具麻醉药品、精神药品的。

聚众、组织吸食、注射毒品的，对首要分子、组织者依照前款的规定从重处罚。

吸食、注射毒品的，可以同时责令其六个月至一年以内不得进入娱乐场所、不得擅自接触涉及毒品违法犯罪人员。违反规定的，处五日以下拘留或者一千元以下罚款。

**疑难注释**

娱乐场所应当建立巡查制度，发现娱乐场所内有毒品违法犯罪活动的，应当立即向公安机关报告。（参见《禁毒法》第 27 条）

★★　**第八十五条**　【对引诱、教唆、欺骗或者强迫他人吸食、注射毒品行为的处罚】引诱、教唆、欺骗或者强迫他人吸食、注射毒品的，处十日以上十五日以下拘留，并处一千元以上五千元以下罚款。

容留他人吸食、注射毒品或者介绍买卖毒品的，处十日以上十五日以下拘留，可以并处三千元以下罚款；情节较轻的，处五日以下拘留或者一千元以下罚款。

**图解法律**

引诱、教唆、欺骗或者强迫他人吸食、注射毒品

容留他人吸食、注射毒品或者介绍买卖毒品

处10日以上15日以下拘留

并处1000元以上5000元以下罚款

处10日以上15日以下拘留

可以并处3000元以下罚款拘留

情节较轻的，处5日以下拘留或者1000元以下罚款

第八十六条  【对非法生产、经营、购买、运输制毒原料、配剂行为的处罚】违反国家规定，非法生产、经营、购买、运输用于制造毒品的原料、配剂的，处十日以上十五日以下拘留；情节较轻的，处五日以上十日以下拘留。

★ **第八十七条** 【对服务行业人员为违法犯罪行为人通风报信或者提供条件行为的处罚】旅馆业、饮食服务业、文化娱乐业、出租汽车业等单位的人员，在公安机关查处吸毒、赌博、卖淫、嫖娼活动时，为违法犯罪行为人通风报信的，或者以其他方式为上述活动提供条件的，处十日以上十五日以下拘留；情节较轻的，处五日以下拘留或者一千元以上二千元以下罚款。

### 疑难注释

本条规定的公安机关查处的违法行为的范围具有特定性，即只有在公安机关查处吸毒、赌博、卖淫、嫖娼活动时通风报信的，才依照本条规定处罚，为其他违法犯罪活动通风报信的，不按照本条规定处罚。

**第八十八条** 【对产生社会生活噪声干扰他人行为的处罚】违反关于社会生活噪声污染防治的法律法规规定，产生社会生活噪声，经基层群众性自治组织、业主委员会、物业服务人、有关部门依法劝阻、调解和处理未能制止，继续干扰他人正常生活、工作和学习的，处五日以下拘留或者一千元以下罚款；情节严重的，处五日以上十日以下拘留，可以并处一千元以下罚款。

**疑难注释**

　　社会生活噪声，是指人为活动产生的除工业噪声、建筑施工噪声和交通运输噪声之外的干扰周围生活环境的声音。(参见《噪声污染防治法》第 59 条)

　　家庭及其成员应当培养形成减少噪声产生的良好习惯，乘坐公共交通工具、饲养宠物和其他日常活动尽量避免产生噪声对周围人员造成干扰，互谅互让解决噪声纠纷，共同维护声环境质量。使用家用电器、乐器或者进行其他家庭场所活动，应当控制音量或者采取其他有效措施，防止噪声污染。(参见《噪声污染防治法》第 65 条)

☆ **第八十九条** 【对饲养动物违法行为的处罚】

饲养动物，干扰他人正常生活的，处警告；警告后不改正，或者放任动物恐吓他人的，处一千元以下罚款。

违反有关法律、法规、规章规定，出售、饲养烈性犬等危险动物的，处警告；警告后不改正的，或者致使动物伤害他人的，处五日以下拘留或者一千元以下罚款；情节较重的，处五日以上十日以下拘留。

未对动物采取安全措施，致使动物伤害他人的，处一千元以下罚款；情节较重的，处五日以上十日以下拘留。

驱使动物伤害他人的，依照本法第五十一条的规定处罚。

**疑难注释**

放任动物恐吓他人的行为，行为人主观上应当预见到该行为可能会给他人人身和财产带来损害，而放任这种结果的发生，故应当予以处罚。

驱使动物伤害他人，行为人主观上出于故意，主观恶性程度较深，动物已经成为其伤害他人的工具，其行为性质应定性为故意伤害他人身体的行为，按照本法第51条的规定处罚。

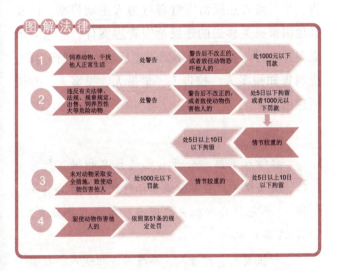

图解法律

1. 饲养动物，干扰他人正常生活 → 处警告 → 警告后不改正的，或者放任动物恐吓他人的 → 处1000元以下罚款

2. 违反有关法律、法规、规章规定，出售、饲养烈性犬等危险动物 → 处警告 → 警告后不改正的，或者致使动物伤害他人的 → 处5日以下拘留或者1000元以下罚款 → 处5日以上10日以下拘留 → 情节较重的

3. 未对动物采取安全措施，致使动物伤害他人 → 处1000元以下罚款 → 情节较重的 → 处5日以上10日以下拘留

4. 驱使动物伤害他人的 → 依照第51条的规定处罚

# 第四章　处罚程序

## 第一节　调　查

★　**第九十条**　【立案调查】公安机关对报案、控告、举报或者违反治安管理行为人主动投案，以及其他国家机关移送的违反治安管理案件，应当立即立案并进行调查；认为不属于违反治安管理行为的，应当告知报案人、控告人、举报人、投案人，并说明理由。

### 疑难注释

报案人不愿意公开自己的姓名和报案行为的，公安机关应当在受案登记时注明，并为其保密。（参见《公安机关办理行政案件程序规定》第 63 条）

对报案人、控告人、举报人、扭送人、投案人提供的有关证据材料、物品等应当登记，出具接受证据清单，并妥善保管。必要时，应当拍照、录音、录像。移送案件时，应当将有关证据材料和物品一并移交。(参见《公安机关办理行政案件程序规定》第 64 条)

对发现或者受理的案件暂时无法确定为刑事案件或者行政案件的，可以按照行政案件的程序办理。在办理过程中，认为涉嫌构成犯罪的，应当按照《公安机关办理刑事案件程序规定》办理。(参见《公安机关办理行政案件程序规定》第 65 条)

**第九十一条　【严禁非法取证】**公安机关及其人民警察对治安案件的调查，应当依法进行。严禁刑讯逼供或者采用威胁、引诱、欺骗等非法手段收集证据。

以非法手段收集的证据不得作为处罚的根据。

## 疑难注释

　　公安机关必须依照法定程序，收集能够证实违法嫌疑人是否违法、违法情节轻重的证据。严禁刑讯逼供和以威胁、欺骗等非法方法收集证据。采用刑讯逼供等非法方法收集的违法嫌疑人的陈述和申辩以及采用暴力、威胁等非法方法收集的被侵害人陈述、其他证人证言，不能作为定案的根据。收集物证、书证不符合法定程序，可能严重影响执法公正的，应当予以补正或者作出合理解释；不能补正或者作出合理解释的，不能作为定案的根据。(参见《公安机关办理行政案件程序规定》第27条)

★　　**第九十二条　【收集、调取证据的规定】** 公安机关办理治安案件，有权向有关单位和个人收集、调取证据。有关单位和个人应当如实提供证据。

　　公安机关向有关单位和个人收集、调取证据时，应当告知其必须如实提供证据，以及伪造、隐匿、毁灭证据或者提供虚假证言应当承担的法律责任。

疑难注释

　　凡知道案件情况的人，都有作证的义务。生理上、精神上有缺陷或者年幼，不能辨别是非、不能正确表达的人，不能作为证人。（参见《公安机关办理行政案件程序规定》第 34 条）

★　**第九十三条**　【使用其他办案过程中收集的证据材料的规定】在办理刑事案件过程中以及其他执法办案机关在移送案件前依法收集的物证、书证、视听资料、电子数据等证据材料，可以作为治安案件的证据使用。

疑难注释

　　收集电子数据，能够扣押电子数据原始存储介质的，应当扣押。无法扣押原始存储介质的，可以提取电子数据。提取电子数据，应当制作笔录，并附电子数据清单，由办案人民警察、电子数据持有人签名。持有人无法或者拒绝签名的，应当在笔录中注明。由于客观原因无法或者不宜依照前两款规定收集电子数据的，可以采取打印、拍照或者录像等方式固定相关证据，并附有关原因、过程等情况的文字说明，由办案人民警察、电子数据持有人签名。持有人无法或者拒绝签名的，应当注明情况。（参见《公安机关办理行政案件程序规定》第32条）

★　**第九十四条** 【公安机关的保密义务】公安机关及其人民警察在办理治安案件时，对涉及的国家秘密、商业秘密、个人隐私或者个人信息，应当予以保密。

**疑难注释**

国家秘密，是指关系国家的安全和利益，依照法定程序确定，在一定时期内只限于一定范围的人知悉的事项，分为绝密、机密、秘密三级。

商业秘密，是指不为公众知悉，能为权利人带来经济利益，具有实用性并经权利人采取保密措施的技术信息和经营信息。

个人隐私，是指纯粹个人的、与公众无关的、当事人不愿意让他人知道或他人不便知道的信息。在涉及治安案件时，个人隐私主要包括以下内容：病历、身体缺陷、健康状况、财产、收入状况、社会关系、家庭情况、婚恋情况、爱好、心理活动、未来计划、姓名、肖像、家庭电话号码、住址、政治倾向、宗教信仰、储蓄、档案材料、计算机储存的个人资料、被违法犯罪分子所侵犯的记录、域名、网名、电子邮件地址、社交账号等。

**第九十五条　【回避】**人民警察在办理治安案件过程中，遇有下列情形之一的，应当回避；违反治安管理行为人、被侵害人或者其法定代理人也有权要求他们回避：

（一）是本案当事人或者当事人的近亲属的；

（二）本人或者其近亲属与本案有利害关系的；

（三）与本案当事人有其他关系，可能影响案件公正处理的。

人民警察的回避，由其所属的公安机关决定；公安机关负责人的回避，由上一级公安机关决定。

**疑难注释**

回避，是指办理治安案件的人民警察等与案件有法定利害关系或者其他可能影响案件公正处理关系的，不得参与该治安案件活动的一种制度。

公安机关负责人、办案人民警察提出回避申请的，应当说明理由。（参见《公安机关办理行政案件程序规定》第18条）

当事人及其法定代理人要求公安机关负责人、办案人民警察回避的，应当提出申请，并说明理由。口头提出申请的，公安机关应当记录在案。（参见《公安机关办理行政案件程序规定》第20条）

公安机关负责人、办案人民警察具有应当回

避的情形之一，本人没有申请回避，当事人及其法定代理人也没有申请其回避的，有权决定其回避的公安机关可以指令其回避。（参见《公安机关办理行政案件程序规定》第22条）

在公安机关作出回避决定前，办案人民警察不得停止对行政案件的调查。作出回避决定后，公安机关负责人、办案人民警察不得再参与该行政案件的调查和审核、审批工作。（参见《公安机关办理行政案件程序规定》第24条）

被决定回避的公安机关负责人、办案人民警察、鉴定人和翻译人员，在回避决定作出前所进行的与案件有关的活动是否有效，由作出回避决定的公安机关根据是否影响案件依法公正处理等情况决定。（参见《公安机关办理行政案件程序规定》第25条）

★★ **第九十六条** 【传唤的条件、程序】需要传唤违反治安管理行为人接受调查的，经公安机关办案部门负责人批准，使用传唤证传唤。对现场发现的违反治安管理行为人，人民警察经出示人民警察证，可以口头传唤，但应当在询问笔录中注明。

公安机关应当将传唤的原因和依据告知被传唤人。对无正当理由不接受传唤或者逃避传唤的人，经公安机关办案部门负责人批准，可以强制传唤。

## 疑难注释

使用传唤证传唤的，违法嫌疑人被传唤到案后和询问查证结束后，应当由其在传唤证上填写到案和离开时间并签名。拒绝填写或者签名的，办案人民警察应当在传唤证上注明。（参见《公安机关办理行政案件程序规定》第68条）

对有违法犯罪嫌疑的人员当场盘问、检查后，不能排除其违法犯罪嫌疑，且具有下列情形之一的，人民警察可以将其带至公安机关继续盘问：（1）被害人、证人控告或者指认其有犯罪行为的；（2）有正在实施违反治安管理或者犯罪行为嫌疑的；（3）有违反治安管理或者犯罪嫌疑且

身份不明的;（4）携带的物品可能是违反治安管理或者犯罪的赃物的。（参见《公安机关适用继续盘问规定》第 8 条）

对具有下列情形之一的人员,不得适用继续盘问:（1）有违反治安管理或者犯罪嫌疑,但未经当场盘问、检查的;（2）经过当场盘问、检查,已经排除违反治安管理和犯罪嫌疑的;（3）涉嫌违反治安管理行为的法定最高处罚为警告、罚款或者其他非限制人身自由的行政处罚的;（4）从其住处、工作地点抓获以及其他应当依法直接适用传唤或者拘传的;（5）已经到公安机关投案自首的;（6）明知其所涉案件已经作为治安案件受理或者已经立为刑事案件的;（7）不属于公安机关管辖的案件或者事件当事人的;（8）患有精神病、急性传染病或者其他严重疾病的;（9）其他不符合《公安机关适用继续盘问规定》第 8 条所列条件的。（参见《公安机关适用继续盘问规定》第 9 条）

★★ **第九十七条** 【询问查证期限、通知义务及对行为人正当需求的保证】对违反治安管理行为人，公安机关传唤后应当及时询问查证，询问查证的时间不得超过八小时；涉案人数众多、违反治安管理行为人身份不明的，询问查证的时间不得超过十二小时；情况复杂，依照本法规定可能适用行政拘留处罚的，询问查证的时间不得超过二十四小时。在执法办案场所询问违反治安管理行为人，应当全程同步录音录像。

公安机关应当及时将传唤的原因和处所通知被传唤人家属。

询问查证期间，公安机关应当保证违反治安管理行为人的饮食、必要的休息时间等正当需求。

**疑难注释**

"情况复杂"的情形主要包括以下两种：一是案件本身情况复杂，即短时间内难以完成询问查证工作，如涉案人数众多、违反治安管理行为人流审作案、涉及伤情鉴定或者物品鉴定问题等；二是依照本法规定可能适用行政拘留处罚的情形，即违反治安管理行为人的违法情节较重，社会危害性大，依照本法规定可能被处以行政拘留处罚。

不得以连续传唤的形式变相拘禁违法嫌疑人。（参见《公安机关办理行政案件程序规定》第 69 条第 2 款）

★★ **第九十八条** 【询问笔录、书面材料与询问不满十八周岁人的规定】询问笔录应当交被询问人核对；对没有阅读能力的，应当向其宣读。记载有遗漏或者差错的，被询问人可以提出补充或者更正。被询问人确认笔录无误后，应当签名、盖章或者按指印，询问的人民警察也应当在笔录上签名。

被询问人要求就被询问事项自行提供书面材料的，应当准许；必要时，人民警察也可以要求被询问人自行书写。

询问**不满十八周岁的违反治安管理行为人**，应当通知其父母或者其他监护人到场；**其父母或者其他监护人不能到场的**，也可以通知**其他成年亲属**、**所在学校、单位、居住地基层组织或者未成年人保护组织的代表等合适成年人到场**，并将有关情况记录在案。**确实无法通知或者通知后未到场的**，应当在笔录中注明。

### 疑难注释

　　询问笔录是行政执法机关调查行政案件的重要证据来源。行政执法机关及其执法人员询问当事人时，应当制作询问笔录。本条对办理治安案件的人民警察在询问被询问人、制作询问笔录时应遵循的程序性事项作出了规定。需要注意的是，询问笔录应当有被询问人的"签名、盖章或者按指印"，同时必须有人民警察（即询问人）的签名，否则该笔录不能作为行政诉讼的证据。被询问人既可以提供口头材料，也可以提交书面材料。此外，在询问不满 18 周岁的违反治安管理行为人时，应当通知其父母或其他监护人到场，否则相关询问笔录不得作为行政诉讼中的证据使用。

询问时，可以全程录音、录像，并保持录音、录像资料的完整性。（参见《公安机关办理行政案件程序规定》第 77 条第 3 款）

★　**第九十九条　【询问被侵害人或者其他证人的规定】** 人民警察询问被侵害人或者其他证人，可以在现场进行，也可以到其所在单位、住处或者其提出的地点进行；必要时，也可以通知其到公安机关提供证言。

人民警察在公安机关以外询问被侵害人或者其他证人，应当出示人民警察证。

询问被侵害人或者其他证人，同时适用本法第九十八条的规定。

**疑难注释**

　　证人与被侵害人都不是违反治安管理行为的人，因此对他们进行询问不得使用传唤的方式。原则上，询问被侵害人或者其他证人，应到其所在单位或者住处进行。对于"必要情形"，可以通知其到公安机关提供证言。此处的"必要情形"要根据实际情况决定，例如案情涉及国家秘密，为了防止泄密；或者证人与被侵害人的近亲属与此案有利害关系等。人民警察询问被侵害人或者其他证人时，应当出示工作证件，以消除当事人的戒备心理，使其配合询问工作。

　　公安机关向有关单位和个人收集、调取证据时，应当告知其必须如实提供证据，并告知其伪造、隐匿、毁灭证据，提供虚假证词应当承担的法律责任。需要向有关单位和个人调取证据的，经公安机关办案部门负责人批准，开具调取证据通知书，明确调取的证据和提供时限。被调取人应当在通知书上盖章或者签名，被调取人拒绝的，公安机关应当注明。必要时，公安机关应当采用录音、录像等方式固定证据内容及取证过程。需要向有关单位紧急调取证据的，公安机关可以在电话告知人民警察身份的同时，将调取证据通知书连同办案人民警察的人民警察证复印件通过传真、互联网通讯工具等方式送达有关单位。（参见《公安机关办理行政案件程序规定》第28条）

★ **第一百条** 【委托异地公安机关代为询问和视频系统远程询问的规定】违反治安管理行为人、被侵害人或者其他证人在异地的，公安机关可以委托异地公安机关代为询问，也可以通过公安机关的视频系统远程询问。

通过远程视频方式询问的，应当向被询问人宣读询问笔录，被询问人确认笔录无误后，询问的人民警察应当在笔录上注明。询问和宣读过程应当全程同步录音录像。

**疑难注释**

需要进行远程视频询问、处罚前告知的，应当由协作地公安机关事先核实被询问、告知人的身份。办案地公安机关应当制作询问、告知笔录并传输至协作地公安机关。询问、告知笔录经被询问、告知人确认并逐页签名或者捺指印后，由协作地公安机关协作人员签名或者盖章，并将原件或者电子签名笔录提供给办案地公安机关。办案地公安机关负责询问、告知的人民警察应当在首页注明收到日期，并签名或者盖章。询问、告知过程应当全程录音录像。(参见《公安机关办理行政案件程序规定》第 120 条)

★ **第一百零一条 【询问中的语言帮助】** 询问聋哑的违反治安管理行为人、被侵害人或者其他证人，应当有通晓手语等交流方式的人提供帮助，并在笔录上注明。

询问不通晓当地通用的语言文字的违反治安管

理行为人、被侵害人或者其他证人，应当配备翻译人员，并在笔录上注明。

　　此种情形的适用对象仅限于"违反治安管理行为人、被侵害人或者其他证人"，对于其他人如委托代理人则不适用。此外，此种情形应当在笔录中注明，否则会影响其作为证据使用的可能性。实践中，不仅要注明询问聋哑人的情况、不通晓当地通用语言文字的情况，而且要注明相关翻译人员的姓名、工作单位、住址、职业等基本情况，并要求通晓手语和当地语言文字的人员签名。另外，翻译人员的费用应当由公安机关负责，且公安机关不得要求违反治安管理行为人、被侵害人或者其他证人支付。

★　**第一百零二条**　【提取或者采集生物样本的规定】为了查明案件事实，确定违反治安管理行为人、被侵害人的某些特征、伤害情况或者生理状态，需要对其人身进行检查，提取或者采集肖像、指纹信息和血液、尿液等生物样本的，经公安机关办案部门负责人批准后进行。对已经提取、采集的信息或者样本，不得重复提取、采集。提取或者采集被侵害人的信息或者样本，应当征得被侵害人或者其监护人同意。

**疑难注释**

对违法嫌疑人，可以依法提取或者采集肖像、指纹等人体生物识别信息；涉嫌酒后驾驶机动车、吸毒、从事恐怖活动等违法行为的，可以依照《道路交通安全法》《禁毒法》《反恐怖主义法》等规定提取或者采集血液、尿液、毛发、脱落细胞等生物样本。人身安全检查和当场检查时已经提取、采集的信息，不再提取、采集。（参见《公安机关办理行政案件程序规定》第83条）

**第一百零三条　【检查时应遵守的程序】**公安机关对与违反治安管理行为有关的场所或者违反治

安管理行为人的人身、物品可以进行检查。检查时，人民警察不得少于二人，并应当出示人民警察证。

对场所进行检查的，经县级以上人民政府公安机关负责人批准，使用检查证检查；对确有必要立即进行检查的，人民警察经出示人民警察证，可以当场检查，并应当全程同步录音录像。检查公民住所应当出示县级以上人民政府公安机关开具的检查证。

检查妇女的身体，应当由女性工作人员或者医师进行。

**疑难注释**

检查是公安机关及其人民警察办理治安案件时对场所、物品以及人身进行检验查看的一项调查取证的强制性措施。这项权力的行使涉及公民的人身权利和财产权利，所以必须严格依法进行。既要依法定的权限进行，又要按照法定的方式和程序实施。

对查获或者到案的违法嫌疑人应当进行安全检查，发现违禁品或者管制器具、武器、易燃易爆等危险品以及与案件有关的需要作为证据的物品的，应当立即扣押；对违法嫌疑人随身携带的与案件无关的物品，应当按照有关规定予以登记、保管、退还。安全检查不需要开具检查证。(参见《公安机关办理行政案件程序规定》第53条第1款)

对确有必要立即进行检查的，人民警察经出示人民警察证，可以当场检查；但检查公民住所的，必须有证据表明或者有群众报警公民住所内正在发生危害公共安全或者公民人身安全的案(事)件，或者违法存放危险物质，不立即检查可能会对公共安全或者公民人身、财产安全造成重大危害。(参见《公安机关办理行政案件程序规定》第82条第1款第3句)

对违法嫌疑人进行检查时，应当尊重被检查

人的人格尊严，不得以有损人格尊严的方式进行检查。依法对卖淫、嫖娼人员进行性病检查，应当由医生进行。（参见《公安机关办理行政案件程序规定》第 84 条第 1、3 款）

**第一百零四条　【检查笔录】**检查的情况应当制作检查笔录，由检查人、被检查人和见证人签名、盖章或者按指印；被检查人不在场或者被检查人、见证人拒绝签名的，人民警察应当在笔录上注明。

**疑 难 注 释**

　　检查笔录作为一种现场笔录，与检查所得的物证、书证、视听资料以及勘验笔录等共同构成违法行为调查的证据链，要求检查笔录应当有相关人员的签章，主要是为了保障检查笔录的真实性和合法性。

　　检查时的全程录音录像可以替代书面检查笔录，但应当对视听资料的关键内容和相应时间段

等作文字说明。(参见《公安机关办理行政案件程序规定》第 86 条第 2 款)

☆☆ **第一百零五条** 【扣押】公安机关办理治安案件，对与案件有关的需要作为证据的物品，可以扣押；对被侵害人或者善意第三人合法占有的财产，不得扣押，应当予以登记，但是对其中与案件有关的必须鉴定的物品，可以扣押，鉴定后应当立即解除。对与案件无关的物品，不得扣押。

对扣押的物品，应当会同在场见证人和被扣押物品持有人查点清楚，当场开列清单一式二份，由调查人员、见证人和持有人签名或者盖章，一份交给持有人，另一份附卷备查。

实施扣押前应当报经公安机关负责人批准；因情况紧急或者物品价值不大，当场实施扣押的，人民警察应当及时向其所属公安机关负责人报告，并补办批准手续。公安机关负责人认为不应当扣押的，应当立即解除。当场实施扣押的，应当全程同步录音录像。

　　对扣押的物品，应当妥善保管，不得挪作他用；对不宜长期保存的物品，按照有关规定处理。经查明与案件无关或者经核实属于被侵害人或者他人合法财产的，应当登记后立即退还；满六个月无人对该财产主张权利或者无法查清权利人的，应当公开拍卖或者按照国家有关规定处理，所得款项上缴国库。

**疑难注释**

　　扣押、扣留、查封期限为 30 日，情况复杂的，经县级以上公安机关负责人批准，可以延长30 日；法律、行政法规另有规定的除外。延长扣押、扣留、查封期限的，应当及时书面告知当事人，并说明理由。对物品需要进行鉴定的，鉴定期间不计入扣押、扣留、查封期间，但应当将鉴定的期间书面告知当事人。（参见《公安机关办理行政案件程序规定》第 112 条）

结合办案实践，对被扣押的物品通常有以下几种处理方式：一是由办案部门妥善保管。这类物品主要是违反治安管理行为人的作案工具以及找不到失主的赃物等。二是退还所有权人。这类物品通常是指不宜长期保存的赃物（如容易腐烂、灭损或者无法保管的物品）、经查明与案件无关的物品以及经核实属于他人（包括被侵害人）合法财产的物品等。三是拍卖或者变卖。对不宜长期保存且找不到失主的赃物，经县级以上公安机关负责人批准，可在拍照或者录像后进行拍卖或变卖，所得款项上缴国库，对满6个月无人对该财产主张权利或者无法查清权利人的，也可以拍卖并将所得款项上缴国库。四是收缴。赌具、赌资，吸食、注射毒品的用具以及经查证属于直接用于实施违反治安管理行为且属于违反治安管理行为人所有的工具，应当予以收缴并按规定处理。五是销毁。扣押后经鉴定属于毒品、淫秽物品或者其他违禁品的，应当一律收缴、销毁。六是上缴国库。找不到原主的赃款应上缴国库，赃物应经拍卖或者变卖后将所得款项上缴。七是拍卖被处罚人的财物抵缴罚款。根据《行政处罚法》第72条第1款第2项的规定，被处罚人逾期不缴纳罚款的，作出罚款决定的公安机关可以将依法扣押的被处罚人的财物拍卖以抵缴罚款。

**第一百零六条** 【鉴定】为了查明案情，需要解决案件中有争议的专门性问题的，应当指派或者聘请具有专门知识的人员进行鉴定；鉴定人鉴定后，应当写出鉴定意见，并且签名。

**疑难注释**

实践中，需要通过鉴定解决的专门性问题包括伤情鉴定、价格鉴定、违禁品和危险品鉴定、精神病鉴定、毒品尿样鉴定、声像资料鉴定等。

在案件的审理过程中，鉴定意见只是众多证据材料中的一种，需要经过双方当事人的质证才能作为定案的依据。

公安机关应当为鉴定提供必要的条件，及时送交有关检材和比对样本等原始材料，介绍与鉴定有关的情况，并且明确提出要求鉴定解决的问题。办案人民警察应当做好检材的保管和送检工作，并注明检材送检环节的责任人，确保检材在流转环节中的同一性和不被污染。禁止强迫或者暗示鉴定人作出某种鉴定意见。（参见《公安机关办理行政案件程序规定》第88条）

鉴定人鉴定后，应当出具鉴定意见。鉴定意见应当载明委托人、委托鉴定的事项、提交鉴定的相关材料、鉴定的时间、依据和结论性意见等内容，并由鉴定人签名或者盖章。通过分析得出鉴定意见的，应当有分析过程的说明。鉴定意见应当附有鉴定机构和鉴定人的资质证明或者其他证明文件。鉴定人对鉴定意见负责，不受任何机关、团体、企业、事业单位和个人的干涉。多人参加鉴定，对鉴定意见有不同意见的，应当注明。鉴定人故意作虚假鉴定的，应当承担法律责任。(参见《公安机关办理行政案件程序规定》第 96 条)

办案人民警察应当对鉴定意见进行审查。对经审查作为证据使用的鉴定意见，公安机关应当在收到鉴定意见之日起 5 日内将鉴定意见复印件送达违法嫌疑人和被侵害人。医疗机构出具的诊断证明作为公安机关认定人身伤害程度的依据的，应当将诊断证明结论书面告知违法嫌疑人和被侵害人。违法嫌疑人或者被侵害人对鉴定意见有异议的，可以在收到鉴定意见复印件之日起 3 日内提出重新鉴定的申请，经县级以上公安机关批准后，进行重新鉴定。同一行政案件的同一事项重新鉴定以一次为限。当事人是否申请重新鉴定，不影响案件的正常办理。公安机关认为必要时，也可以直接决定重新鉴定。（参见《公安机关办理行政案件程序规定》第 97 条）

**第一百零七条** 【辨认】为了查明案情，人民警察可以让违反治安管理行为人、被侵害人和其他证人对与违反治安管理行为有关的场所、物品进行辨认，也可以让被侵害人、其他证人对违反治安管理行为人进行辨认，或者让违反治安管理行为人对其他违反治安管理行为人进行辨认。

辨认应当制作辨认笔录，由人民警察和辨认人签名、盖章或者按指印。

**疑难注释**

辨认由 2 名以上办案人民警察主持。组织辨认前，应当向辨认人详细询问辨认对象的具体特征，并避免辨认人见到辨认对象。（参见《公安机关办理行政案件程序规定》第 102 条）

多名辨认人对同一辨认对象或者一名辨认人对多名辨认对象进行辨认时，应当个别进行。（参见《公安机关办理行政案件程序规定》第 103 条）

辨认时，应当将辨认对象混杂在特征相类似的其他对象中，不得给辨认人任何暗示。辨认违法嫌疑人时，被辨认的人数不得少于 7 人；对违法嫌疑人照片进行辨认的，不得少于 10 人的照片。辨认每一件物品时，混杂的同类物品不得少于 5 件。同一辨认人对与同一案件有关的辨认对象进行多组辨认的，不得重复使用陪衬照片或者陪衬人。（参见《公安机关办理行政案件程序规定》第 104 条）

辨认人不愿意暴露身份的，对违法嫌疑人的辨认可以在不暴露辨认人的情况下进行，公安机关及其人民警察应当为其保守秘密。（参见《公安机关办理行政案件程序规定》第 105 条）

辨认经过和结果，应当制作辨认笔录，由办

案人民警察和辨认人签名或者捺指印。必要时，应当对辨认过程进行录音、录像。(参见《公安机关办理行政案件程序规定》第106条)

★ **第一百零八条** 【公安机关实施调查取证工作的人数要求与全程同步录音录像要求】公安机关进行询问、辨认、勘验，实施行政强制措施等调查取证工作时，人民警察不得少于二人。

公安机关在规范设置、严格管理的执法办案场所进行询问、扣押、辨认的，或者进行调解的，可以由一名人民警察进行。

依照前款规定由一名人民警察进行询问、扣押、辨认、调解的，应当全程同步录音录像。未按规定全程同步录音录像或者录音录像资料损毁、丢失的，相关证据不能作为处罚的根据。

## 第二节 决 定

**第一百零九条** 【处罚的决定机关】治安管理

处罚由县级以上地方人民政府公安机关决定；其中警告、一千元以下的罚款，可以由公安派出所决定。

## 疑难注释

　　行政处罚必须由具有行政处罚权的行政机关实施，具体而言，行政处罚应由违法行为发生地的县级以上地方人民政府具有行政处罚权的行政机关管辖，所以本条规定治安管理处罚要由县级以上人民政府公安机关决定。这里需要说明两点：一是治安管理案件的处罚权只能由公安机关行使，且级别应为县级以上人民政府公安机关；二是对于违反治安管理行为处以较轻的处罚，即警告和 1000 元以下的罚款时，可以由公安派出所决定，在此种情况下，公安派出所是作为"法律法规授权的组织"来行使职权的，也就是说，被处以警告、1000 元以下罚款的治安管理处罚相对人可以以公安派出所为行政复议被申请人或行政诉讼被告。但值得注意的是，由于公安派出所无独立的财政，所以此两类行为给相关人造成损害需要行政赔偿的，行政赔偿的义务履行机关应当是该派出所的领导机关，公安派出所在市、县级公安局或者公安分局的直接领导下进行工作。

★　第一百一十条　【行政拘留时间的折抵】对决定给予行政拘留处罚的人，在处罚前已经采取强制措施限制人身自由的时间，应当折抵。限制人身自由一日，折抵行政拘留一日。

疑 难 注 释

对决定给予行政拘留处罚的人，在处罚前因同一行为已经被采取强制措施限制人身自由的时间应当折抵。限制人身自由1日，折抵执行行政拘留1日。询问查证、继续盘问和采取约束措施的时间不予折抵。被采取强制措施限制人身自由的时间超过决定的行政拘留期限的，行政拘留决

定不再执行。(参见《公安机关办理行政案件程序规定》第 163 条)

这里的"强制措施限制人身自由的时间"包括被行政拘留人在被行政拘留前因同一行为被依法刑事拘留、逮捕的时间,若其被刑事拘留、逮捕的时间已超过被行政拘留的时间,则行政拘留不再执行,但办案部门必须将《治安管理处罚决定书》送达被处罚人。

★ **第一百一十一条** 【有无本人供述对治安管理处罚决定的影响】公安机关查处治安案件,对没有本人陈述,但其他证据能够证明案件事实的,可以作出治安管理处罚决定。但是,只有本人陈述,没有其他证据证明的,不能作出治安管理处罚决定。

**疑难注释**

本条规定了公安机关查处治安案件时"重证据不轻信口供"的原则,该原则要求公安机关在作出治安管理处罚决定时，必须以事实清楚、证据确凿为前提，具体包括两种情况：一是没有本人陈述但其他证据能够证明案件事实，当其他证据确实充分且相互吻合，达到"事实清楚、证据确凿"的要求时，可据此作出治安管理处罚决定，如某人实施冒充国家机关工作人员招摇撞骗行为被公安机关抓获后，其本人既不主动交代也不承认，但有多名受害者指认且有其制作的相关假证件等；二是只有本人陈述而没有其他证据证明，虽然本人陈述属于证据的一种，但仅凭陈述无其他相关证据，不能认定当事人实施了违反治安管理的行为，因为当事人陈述时会考虑内容与处罚结果的关系，可能避重就轻或提供掺有虚假成分甚至完全虚假的陈述，且现实中还存在公安人员采用打骂、诱供等手段导致当事人提供虚假陈述的情况。

**第一百一十二条　【陈述权与申辩权】**公安机

关作出治安管理处罚决定前，应当告知违反治安管理行为人拟作出治安管理处罚的内容及事实、理由、依据，并告知违反治安管理行为人依法享有的权利。

违反治安管理行为人有权陈述和申辩。公安机关必须充分听取违反治安管理行为人的意见，对违反治安管理行为人提出的事实、理由和证据，应当进行复核；违反治安管理行为人提出的事实、理由或者证据成立的，公安机关应当采纳。

违反治安管理行为人不满十八周岁的，还应当依照前两款的规定告知未成年人的父母或者其他监护人，充分听取其意见。

公安机关不得因违反治安管理行为人的陈述、申辩而加重其处罚。

疑难注释

所谓公安机关的告知义务，是指公安机关在作出治安管理处罚决定前，应当告知违反治安管理行为人作出治安管理处罚的事实、理由及依据，并告知其依法享有的权利。公安机关的告知义务对应的是违反治安管理行为人享有的被告知权利，即知情权，在此需要注意法条中规定的履行告知义务的时间要求和告知内容。

陈述权，是指违反治安管理行为人对公安机关给予治安管理处罚所认定的事实及适用法律是否准确、适当，陈述自己的看法和意见，同时也可以提出自己的主张和权利要求的权利；申辩权，是指违反治安管理行为人对公安机关的指控、证据等提出不同意见，进行申辩，以正当手段如要求召开听证会等方式，驳斥公安机关的指控以及不利证据的权利。陈述权和申辩权是当事人的重要民主权利，为确保权利的实现，公安机关应当依照法定程序给予当事人行使权利的机会；同时，为了切实维护当事人的权利，消除当事人的顾虑，保证治安管理处罚决定的公正性和合法性，本条还规定公安机关不得因违反治安管理行为人的陈述、申辩而加重其处罚。

对违法行为事实清楚，证据确实充分，依法应当予以行政处罚，因违法行为人逃跑等原因无法履行告知义务的，公安机关可以采取公告方式予以告知。自公告之日起7日内，违法嫌疑人未提出申辩的，可以依法作出行政处罚决定。（参见《公安机关办理行政案件程序规定》第168条）

★★ **第一百一十三条** 【治安案件的处理】治安案件调查结束后，公安机关应当根据不同情况，分别作出以下处理：

（一）确有依法应当给予治安管理处罚的违法行为的，根据情节轻重及具体情况，作出处罚决定；

（二）依法不予处罚的，或者违法事实不能成立的，作出不予处罚决定；

（三）违法行为已涉嫌犯罪的，移送有关主管机关依法追究刑事责任；

（四）发现违反治安管理行为人有其他违法行为

的，在对违反治安管理行为作出处罚决定的同时，通知或者移送有关主管机关处理。

对情节复杂或者重大违法行为给予治安管理处罚，公安机关负责人应当集体讨论决定。

## 疑难注释

本条是关于公安机关对治安案件作出不同处理的规定，其中第 2 项中依法不予处罚或违法事实不能成立的情况主要有三种：一是法定不予处罚的情形，如不满 14 周岁的人违反治安管理，精神病人、智力残疾人在不能辨认或者不能控制自己行为的时候违反治安管理，均不予处罚；二是可以不予处罚的情形，如盲人或既聋又哑的人违反治安管理且情节特别轻微，可不予处罚；三是违法事实不能成立的情形，即若行为人是否实施违反治安管理的行为无法得到明确且肯定的认定，根据"疑罪从无"原则，公安机关应依法作出不予处罚的决定。此外，在具体治安案件处理中，若案件的刑事责任和行政责任涉及适用其他法律或需其他机关介入，本条也有明确规定。

公安机关根据行政案件的不同情况分别作出下列处理决定：（1）确有违法行为，应当给予行政处罚的，根据其情节和危害后果的轻重，作出行政处罚决定；（2）确有违法行为，但有依法不予行政处罚情形的，作出不予行政处罚决定；有违法所得和非法财物、违禁品、管制器具的，应当予以追缴或者收缴；（3）违法事实不能成立的，作出不予行政处罚决定；（4）对需要给予社区戒毒、强制隔离戒毒、收容教养等处理的，依法作出决定；（5）违法行为涉嫌构成犯罪的，转为刑事案件办理或者移送有权处理的主管机关、部门办理，无需撤销行政案件。公安机关已经作出行政处理决定的，应当附卷；（6）发现违法行为人有其他违法行为的，在依法作出行政处理决定的同时，通知有关行政主管部门处理。对已经依照前述第（3）项作出不予行政处罚决定的案件，又发现新的证据的，应当依法及时调查；违法行为能够认定的，依法重新作出处理决定，并撤销原不予行政处罚决定。治安案件有被侵害人的，公安机关应当在作出不予行政处罚或者处罚决定之日起 3 日内将决定书复印件送达被侵害人。无法送达的，应当注明。（参见《公安机关办理行政案件程序规定》第 172 条）

★　**第一百一十四条　【作出治安管理处罚决定之前的法制审核】** 有下列情形之一的，在公安机关作出治安管理处罚决定之前，应当由从事治安管理处罚决定法制审核的人员进行法制审核；未经法制审核或者审核未通过的，不得作出决定：

（一）涉及重大公共利益的；

（二）直接关系当事人或者第三人重大权益，经过听证程序的；

（三）案件情况疑难复杂、涉及多个法律关系的。

公安机关中初次从事治安管理处罚决定法制审核的人员，应当通过国家统一法律职业资格考试取得法律职业资格。

**疑难注释**

重大执法决定法制审核是确保行政执法机关作出的重大执法决定合法有效的关键环节。行政执法机关作出重大执法决定前，要严格进行法制审核，未经法制审核或者审核未通过的，不得作出决定。（参见《国务院办公厅关于全面推行行政执法公示制度执法全过程记录制度重大执法决定法制审核制度的指导意见》）

★　**第一百一十五条　【治安管理处罚决定书的内容】**公安机关作出治安管理处罚决定的，应当制作治安管理处罚决定书。决定书应当载明下列内容：

（一）被处罚人的姓名、性别、年龄、身份证件的名称和号码、住址；

（二）违法事实和证据；

（三）处罚的种类和依据；

（四）处罚的执行方式和期限；

（五）对处罚决定不服，申请行政复议、提起行政诉讼的途径和期限；

（六）作出处罚决定的公安机关的名称和作出决定的日期。

决定书应当由作出处罚决定的公安机关加盖印章。

**疑难注释**

治安管理处罚决定书是一种法律文书，意味着行政处罚决定的成立。制作治安管理处罚决定书，既是公安机关依法履行治安管理职责的一项权力，同时也是其依法履行职责时必须履行的一项义务。无论是当场处罚还是依照一般程序作出的处罚，都应当制作行政处罚决定书且交付当事人。本条明确规定了行政处罚决定书应当列明的内容，需注意的是，处罚决定书必须加盖公安机关印章，而不能只有执法人员的签名或盖章，但在本法第 120 条规定的当场处罚情况下，可由经办的人民警察签名或盖章。

一人有两种以上违法行为的，分别决定，合并执行，可以制作一份决定书，分别写明对每种违法行为的处理内容和合并执行的内容。一个案件有多个违法行为人的，分别决定，可以制作一式多份决定书，写明给予每个人的处理决定，分别送达每一个违法行为人。（参见《公安机关办理行政案件程序规定》第 161 条）

★★　**第一百一十六条　【治安管理处罚决定书的宣告、送达】**公安机关应当向被处罚人宣告治安管理处罚决定书，并当场交付被处罚人；无法当场向被处罚人宣告的，应当在二日以内送达被处罚人。决定给予行政拘留处罚的，应当及时通知被处罚人的家属。

有被侵害人的，公安机关应当将决定书送达被侵害人。

## 疑难注释

交付和送达是治安管理处罚决定发生效力的前提，未交付和送达的治安管理处罚决定书对被处罚人不具有法律效力。如果当事人对处罚没有异议，应当按照治安管理处罚决定书的要求及时履行；如果对处罚决定不服，则应当按照治安管理处罚决定书载明的途径和期限，及时申请行政复议或者提起行政诉讼。

送达法律文书，应当遵守下列规定：（1）依照简易程序作出当场处罚决定的，应当将决定书当场交付被处罚人，并由被处罚人在备案的决定书上签名或者捺指印；被处罚人拒绝的，由办案人民警察在备案的决定书上注明；（2）除前述第（1）项规定外，作出行政处罚决定和其他行政处理决定，应当在宣告后将决定书当场交付被处理人，并由被处理人在附卷的决定书上签名或者捺指印，即为送达；被处理人拒绝的，由办案人民警察在附卷的决定书上注明；被处理人不在场的，公安机关应当在作出决定的 7 日内将决定书送达被处理人，治安管理处罚决定应当在 2 日内送达。送达法律文书应当首先采取直接送达方式，交给受送达人本人；受送达人不在的，可以交付其成年家属、所在单位的负责人员或者其居住地居（村）民委员会代收。受送达人本人或者代收人拒绝接收或者拒绝签名和捺指印的，送达人可以邀请其邻居或者其他见证人到场，说明情况，也可以对拒收情况进行录音录像，把文书留在受送达人处，在附卷的法律文书上注明拒绝的事由、送达日期，由送达人、见证人签名或者捺指印，即视为送达。无法直接送达的，委托其他公安机关代为送达，或者邮寄送达。经受送达人同意，可以采用传真、互联网通讯工具等能够确认其收悉的方式送达。经采取上述送达方式仍无法送达的，可以公告送达。公告的范围和方式应当便于公民知晓，公告期限不得少于 60 日。（参见《公安机关办理行政案件程序规定》第 36 条）

☆☆ **第一百一十七条** 【听证】公安机关作出吊销许可证件、处四千元以上罚款的治安管理处罚决定或者采取责令停业整顿措施前，应当告知违反治安管理行为人有权要求举行听证；违反治安管理行为人要求听证的，公安机关应当及时依法举行听证。

对依照本法第二十三条第二款规定可能执行行政拘留的未成年人，公安机关应当告知未成年人和其监护人有权要求举行听证；未成年人和其监护人要求听证的，公安机关应当及时依法举行听证。对未成年人案件的听证不公开举行。

前两款规定以外的案情复杂或者具有重大社会影响的案件，违反治安管理行为人要求听证，公安机关认为必要的，应当及时依法举行听证。

公安机关不得因违反治安管理行为人要求听证而加重其处罚。

## 疑难注释

听证程序是行政机关在作出行政处罚决定之前听取当事人的陈述和申辩，由听证程序参加人就有关问题相互进行质问、辩论和反驳，从而查明事实的过程，其赋予了当事人为自己辩护的权利，为当事人充分维护和保障自己的权益提供了程序上的条件。

听证人员应当就行政案件的事实、证据、程序、适用法律等方面全面听取当事人陈述和申辩。(参见《公安机关办理行政案件程序规定》第126条)

本案调查人员不得担任听证主持人、听证员或者记录员。(参见《公安机关办理行政案件程序规定》第127条第2款)

听证参加人包括：(1) 当事人及其代理人；(2) 本案办案人民警察；(3) 证人、鉴定人、翻译人员；(4) 其他有关人员。(参见《公安机关办理行政案件程序规定》第130条)

当事人在听证活动中享有下列权利：（1）申请回避；（2）委托 1 至 2 人代理参加听证；（3）进行陈述、申辩和质证；（4）核对、补正听证笔录；（5）依法享有的其他权利。（参见《公安机关办理行政案件程序规定》第 130 条）

公安机关收到听证申请后，应当在 2 日内决定是否受理。认为听证申请人的要求不符合听证条件，决定不予受理的，应当制作不予受理听证通知书，告知听证申请人。逾期不通知听证申请人的，视为受理。（参见《公安机关办理行政案件程序规定》第 135 条）

★ **第一百一十八条** 【办案期限】公安机关办理治安案件的期限，自立案之日起不得超过<u>三十日</u>；案情重大、复杂的，经上一级公安机关批准，可以<u>延长三十日</u>。期限延长以二次为限。公安派出所办理的案件需要延长期限的，由所属公安机关批准。

为了查明案情进行鉴定的期间、听证的期间，不计入办理治安案件的期限。

**疑难注释**

　　公安机关办理治安案件的期限，自受理之日起不得超过 30 日；案情重大、复杂的，经上一级公安机关批准，可以延长 30 日。办理其他行政案件，有法定办案期限的，按照相关法律规定办理。为了查明案情进行鉴定的期间，不计入办案期限。对因违反治安管理行为人不明或者逃跑等客观原因造成案件在法定期限内无法作出行政处理决定的，公安机关应当继续进行调查取证，并向被侵害人说明情况，及时依法作出处理决定。(参见《公安机关办理行政案件程序规定》第 165 条)

★★　**第一百一十九条**　【当场处罚】违反治安管理行为事实清楚，证据确凿，处警告或者五百元以下罚款的，可以当场作出治安管理处罚决定。

## 疑难注释

当场处罚，是指人民警察对违反治安管理行为人不再传唤至公安机关，而直接当场作出治安管理处罚决定的一种处罚程序。这一制度的意义在于，为公安机关及人民警察迅速处理简单治安案件、高效履行治安管理职责、及时维护社会秩序提供了可行的程序。

当场处罚需满足法定条件：一是证据条件，即违反治安管理行为事实清楚，证据确凿；二是处罚条件，即处警告或者500元以下罚款。只有同时具备这两个条件时，才"可以"（而非"必须"）实施当场处罚。需注意的是，在此情形下作出的处罚决定书，只需由人民警察签名或盖章，无需按本法第115条的规定由公安机关加盖印章。

★ **第一百二十条** 【当场处罚决定程序】当场作出治安管理处罚决定的，人民警察应当向违反治安管理行为人出示人民警察证，并填写处罚决定书。

处罚决定书应当当场交付被处罚人；有被侵害人的，并应当将决定书送达被侵害人。

前款规定的处罚决定书，应当载明被处罚人的姓名、违法行为、处罚依据、罚款数额、时间、地点以及公安机关名称，并由经办的人民警察签名或者盖章。

适用当场处罚，被处罚人对拟作出治安管理处罚的内容及事实、理由、依据没有异议的，可以由一名人民警察作出治安管理处罚决定，并应当全程同步录音录像。

当场作出治安管理处罚决定的，经办的人民警察应当在二十四小时以内报所属公安机关备案。

**疑难注释**

当场处罚作为处罚程序中的简易程序，虽具备简便、迅速的特点，但仍需严格遵循相关程序要求。本条对当场处罚程序作出规定，包括人民警察需出示工作证件，填写并当场交付处罚决定书，明确决定书应载明的内容，以及在规定时间内将处罚情况报所属公安机关备案等程序性要求。

第一百二十一条 **【不服处罚申请行政复议或提起行政诉讼】** 被处罚人、被侵害人对公安机关依照本法规定作出的治安管理处罚决定，作出的收缴、追缴决定，或者采取的有关限制性、禁止性措施等不服的，可以依法申请行政复议或者提起行政诉讼。

**疑难注释**

行政处罚并非终局性决定，这已成为法治国家的基本原则。被处罚人若对公安机关经调查作出的处罚决定不服，可通过行政复议或行政诉讼两种途径主张权利。若对行政复议结果仍不服，还能进一步提起行政诉讼。

行政复议与行政诉讼各自拥有独立的制度体系，法律对其作出了详尽规定。具体的制度规范可参见《行政复议法》和《行政诉讼法》。

## 第三节　执　行

**★★ 第一百二十二条　【行政拘留处罚的执行】** 对被决定给予行政拘留处罚的人，由作出决定的公安机关送拘留所执行；执行期满，拘留所应当按时解除拘留，发给解除拘留证明书。

被决定给予行政拘留处罚的人在异地被抓获或者有其他有必要在异地拘留所执行情形的，经异地拘留所主管公安机关批准，可以在异地执行。

**疑难注释**

违法行为人具有下列情形之一，依法应当给予行政拘留处罚的，应当作出处罚决定，但不送拘留所执行：（1）已满 14 周岁不满 16 周岁的；（2）已满 16 周岁不满 18 周岁，初次违反治安管理或者其他公安行政管理的。但是，曾被行政拘留依法不执行行政拘留或者曾因实施扰乱公共秩序，妨害公共安全，侵犯人身权利、财产权利，妨害社会管理的行为被人民法院判决有罪的除外；（3）70周岁以上的；（4）孕妇或者正在哺乳自己婴儿的妇女。（参见《公安机关办理行政案件程序规定》第164条）

★★ **第一百二十三条** 【当场收缴罚款范围】受到罚款处罚的人应当自收到处罚决定书之日起十五日以内，到指定的银行或者通过电子支付系统缴纳罚款。但是，有下列情形之一的，人民警察可以当场收缴罚款：

（一）被处二百元以下罚款，被处罚人对罚款无异议的；

（二）在边远、水上、交通不便地区，旅客列车上或者口岸，公安机关及其人民警察依照本法的规定作出罚款决定后，被处罚人到指定的银行或者通过电子支付系统缴纳罚款确有困难，经被处罚人提出的；

（三）被处罚人在当地没有固定住所，不当场收缴事后难以执行的。

**疑难注释**

　　本条规定，治安管理处罚案件中罚款决定的执行以罚款决定和执行相分离制度为原则，以当场收缴罚款为例外。从执法成本和方便当事人的角度出发，本条规定在几种法定情形下，人民警察可以当场收缴罚款。

　　除本条上述情形外，对违反治安管理行为人处50元以下罚款和对违反交通管理的行人、乘车人和非机动车驾驶人处罚款，被处罚人没有异议的，也可以当场收缴罚款，办案人民警察应当要求被处罚人签名确认。（参见《公安机关办理行政案件程序规定》第214条第1款第1项及第2款）

★　　**第一百二十四条　【当场收缴罚款交纳期限】**

人民警察当场收缴的罚款，应当自收缴罚款之日起二日以内，交至所属的公安机关；在水上、旅客列车上当场收缴的罚款，应当自抵岸或者到站之日起二日以内，交至所属的公安机关；公安机关应当自收到罚款之日起二日以内将罚款缴付指定的银行。

★　**第一百二十五条**　【当场收缴罚款收缴专用票据】人民警察当场收缴罚款的，应当向被处罚人出具省级以上人民政府财政部门统一制发的专用票据；不出具统一制发的专用票据的，被处罚人有权拒绝缴纳罚款。

★　**第一百二十六条**　【暂缓执行行政拘留】被处罚人不服行政拘留处罚决定，申请行政复议、提起行政诉讼的，遇有参加升学考试、子女出生或者近亲属病危、死亡等情形的，可以向公安机关提出暂缓执行行政拘留的申请。公安机关认为暂缓执行行政拘留不致发生社会危险的，由被处罚人或者其近亲属提出符合本法第一百二十七条规定条件的担保人，或者按每日行政拘留二百元的标准交纳保证金，行政拘留的处罚决定暂缓执行。

正在被执行行政拘留处罚的人遇有参加升学考试、子女出生或者近亲属病危、死亡等情形，被拘留人或者其近亲属申请出所的，由公安机关依照前款规定执行。被拘留人出所的时间不计入拘留期限。

被处罚人不服行政拘留处罚决定，申请行政复议或者提起行政诉讼的，可以向作出行政拘留决定的公安机关提出暂缓执行行政拘留的申请；口头提出申请的，公安机关人民警察应当予以记录，并由申请人签名或者捺指印。被处罚人在行政拘留执行期间，提出暂缓执行行政拘留申请的，拘留所应当立即将申请转交作出行政拘留决定的公安机关。（参见《公安机关办理行政案件程序规定》第222条）

公安机关应当在收到被处罚人提出暂缓执行行政拘留申请之时起24小时内作出决定。公安机关认为暂缓执行行政拘留不致发生社会危险，且被处罚人或者其近亲属提出符合条件的担保人，或者按每日行政拘留200元的标准交纳保证金的，应当作出暂缓执行行政拘留的决定。对同一被处罚人，不得同时责令其提出保证人和交纳保证金。被处罚人已送达拘留所执行的，公安机关应当立即将暂缓执行行政拘留决定送达拘留所，拘留所应当立即释放被处罚人。(参见《公安机关办理行政案件程序规定》第223条)

被处罚人具有下列情形之一的，应当作出不暂缓执行行政拘留的决定，并告知申请人：(1) 暂缓执行行政拘留后可能逃跑的；(2) 有其他违法犯罪嫌疑，正在被调查或者侦查的；(3) 不宜暂缓执行行政拘留的其他情形。(参见《公安机关办理行政案件程序规定》第224条)

行政拘留并处罚款的，罚款不因暂缓执行行政拘留而暂缓执行。(参见《公安机关办理行政案件程序规定》第225条)

在暂缓执行行政拘留期间，被处罚人应当遵守下列规定：(1) 未经决定机关批准不得离开所居住的市、县；(2) 住址、工作单位和联系方式发生变动的，在24小时以内向决定机关报告；(3) 在行政复议和行政诉讼中不得干扰证人作证、伪造证据或者串供；（4）不得逃避、拒绝或者阻碍处罚的执行。在暂缓执行行政拘留期间，公安机关不得妨碍被处罚人依法行使行政复议和行政诉讼权利。（参见《公安机关办理行政案件程序规定》第226条）

保证金应当由银行代收。在银行非营业时间，公安机关可以先行收取，并在收到保证金后的3日内存入指定的银行账户。公安机关应当指定办案部门以外的法制、装备财务等部门负责管理保证金。严禁截留、坐支、挪用或者以其他任何形式侵吞保证金。（参见《公安机关办理行政案件程序规定》第231条）

★　**第一百二十七条**　【担保人的条件】担保人应当符合下列条件：

（一）与本案无牵连；

（二）享有政治权利，人身自由未受到限制；

（三）在当地有常住户口和固定住所；

（四）有能力履行担保义务。

**疑难注释**

公安机关经过审查认为暂缓执行行政拘留的担保人符合条件的，由担保人出具保证书，并到公安机关将被担保人领回。（参见《公安机关办理行政案件程序规定》第228条）

**第一百二十八条 【担保人的义务】** 担保人应当保证被担保人不逃避行政拘留处罚的执行。

担保人不履行担保义务，致使被担保人逃避行政拘留处罚的执行的，处三千元以下罚款。

**疑难注释**

暂缓执行行政拘留的担保人应当履行下列义务：（1）保证被担保人遵守《公安机关办理行政案件程序规定》第226条的规定；（2）发现被担保人伪造证据、串供或者逃跑的，及时向公安机关报告。暂缓执行行政拘留的担保人不履行担保义务，致使被担保人逃避行政拘留处罚执行的，公安机关可以对担保人处以 3000 元以下罚款，并对被担保人恢复执行行政拘留。暂缓执行行政拘留的担保人履行了担保义务，但被担保人仍逃避行政拘留处罚执行的，或者被处罚人逃跑后，担保人积极帮助公安机关抓获被处罚人的，可以从轻或者不予行政处罚。(参见《公安机关办理行政案件程序规定》第 229 条)

暂缓执行行政拘留的担保人在暂缓执行行政拘留期间，不愿继续担保或者丧失担保条件的，行政拘留的决定机关应当责令被处罚人重新提出担保人或者交纳保证金。不提出担保人又不交纳保证金的，行政拘留的决定机关应当将被处罚人送拘留所执行。(参见《公安机关办理行政案件程序规定》第 230 条)

**第一百二十九条** 【没收保证金】被决定给予行政拘留处罚的人交纳保证金，暂缓行政拘留或者出所后，逃避行政拘留处罚的执行的，保证金予以没收并上缴国库，已经作出的行政拘留决定仍应执行。

**疑难注释**

　　被处罚人对公安机关没收保证金的决定不服的，可以依法申请行政复议或者提起行政诉讼。（参见《公安机关办理行政案件程序规定》第233条）

　　**第一百三十条**　【退还保证金】行政拘留的处罚决定被撤销，行政拘留处罚开始执行，或者出所后继续执行的，公安机关收取的保证金应当及时退还交纳人。

**疑难注释**

　　行政拘留处罚被撤销或者开始执行时，公安机关应当将保证金退还交纳人。被决定行政拘留的人逃避行政拘留处罚执行的，由决定行政拘留的公安机关作出没收或者部分没收保证金的决定，行政拘留的决定机关应当将被处罚人送拘留所执行。(参见《公安机关办理行政案件程序规定》第232条)

# 第五章　执法监督

**第一百三十一条**　**【执法原则】**公安机关及其人民警察应当依法、公正、严格、高效办理治安案件，文明执法，不得徇私舞弊、玩忽职守、滥用职权。

**第一百三十二条**　**【办理治安案件的禁止行为】**公安机关及其人民警察办理治安案件，禁止对违反治安管理行为人打骂、虐待或者侮辱。

### 疑难注释

对违反治安管理行为人打骂、虐待或者侮辱，既包括使用殴打、冻饿、捆绑、强迫超体力劳动、限制自由、罚跪等方式，也包括嘲笑、辱骂等侮辱行为，同时还涵盖长时间强光照射、车轮战术、不间断讯问等变相体罚与虐待的方法。

**第一百三十三条**　**【社会监督和公民监督】**公安机关及其人民警察办理治安案件，应当自觉接受社会和公民的监督。

公安机关及其人民警察办理治安案件，不严格执法或者有违法违纪行为的，任何单位和个人都有权向公安机关或者人民检察院、监察机关检举、控告；收到检举、控告的机关，应当依据职责及时处理。

**第一百三十四条　【对公职人员处罚的通报】**
公安机关作出治安管理处罚决定，发现被处罚人是公职人员，依照《中华人民共和国公职人员政务处分法》的规定需要给予政务处分的，应当依照有关规定及时通报监察机关等有关单位。

疑难注释

《公职人员政务处分法》所称公职人员，是指《监察法》第15条规定的人员，即：（1）中国共产党机关、人民代表大会及其常务委员会机关、人民政府、监察委员会、人民法院、人民检察院、中国人民政治协商会议各级委员会机关、民主党派机关和工商业联合会机关的公务员，以及参照《公务员法》管理的人员；（2）法律、法规授权或者受国家机关依法委托管理公共事务的组织中从事公务的人员；（3）国有企业管理人员；（4）公办的教育、科研、文化、医疗卫生、体育等单位中从事管理的人员；（5）基层群众性自治组织中从事管理的人员；（6）其他依法履行公职的人员。

**第一百三十五条　【罚缴分离原则】**公安机关依法实施罚款处罚，应当依照有关法律、行政法规的规定，实行罚款决定与罚款收缴分离；收缴的罚款应当全部上缴国库，不得返还、变相返还，不得与经费保障挂钩。

### 疑难注释

　　罚款必须全部上缴国库，任何行政机关、组织或者个人不得以任何形式截留、私分或者变相

私分。行政机关执法所需经费的拨付，按照国家有关规定执行。(参见《罚款决定与罚款收缴分离实施办法》第4条)

★　**第一百三十六条　【对违反治安管理的记录的封存】**违反治安管理的记录应当予以封存，不得向任何单位和个人提供或者公开，但有关国家机关为办案需要或者有关单位根据国家规定进行查询的除外。依法进行查询的单位，应当对被封存的违法记录的情况予以保密。

**疑难注释**

犯罪的时候不满18周岁，被判处5年有期徒刑以下刑罚的，应当对相关犯罪记录予以封存。犯罪记录被封存的，不得向任何单位和个人提供，但司法机关为办案需要或者有关单位根据国家规定进行查询的除外。依法进行查询的单位，

应当对被封存的犯罪记录的情况予以保密。（参见《刑事诉讼法》第 286 条）

**第一百三十七条　【同步录音录像安全管理】**公安机关应当履行同步录音录像运行安全管理职责，完善技术措施，定期维护设施设备，保障录音录像设备运行连续、稳定、安全。

★　**第一百三十八条　【信息管理】**公安机关及其人民警察不得将在办理治安案件过程中获得的个人信息，依法提取、采集的相关信息、样本用于与治安管理、查处犯罪无关的用途，不得出售、提供给其他单位或者个人。

**疑难注释**

国家机关为履行法定职责处理个人信息，应当依照法律、行政法规规定的权限、程序进行，不得超出履行法定职责所必需的范围和限度。国

家机关为履行法定职责处理个人信息，应当依照
《个人信息保护法》规定履行告知义务；有《个
人信息保护法》第 18 条第 1 款规定的情形（有
法律、行政法规规定应当保密或者不需要告知
的），或者告知将妨碍国家机关履行法定职责的
除外。国家机关处理的个人信息应当在中华人
民共和国境内存储；确需向境外提供的，应当
进行安全评估。安全评估可以要求有关部门提
供支持与协助。（参见《个人信息保护法》第
34—36 条）

★★ **第一百三十九条** 【公安机关及其人民警察违
规办案的处理】人民警察办理治安案件，有下列行
为之一的，依法给予处分；构成犯罪的，依法追究
刑事责任：

（一）刑讯逼供、体罚、打骂、虐待、侮辱他
人的；

（二）超过询问查证的时间限制人身自由的；

（三）不执行罚款决定与罚款收缴分离制度或者不按规定将罚没的财物上缴国库或者依法处理的；

（四）私分、侵占、挪用、故意损毁所收缴、追缴、扣押的财物的；

（五）违反规定使用或者不及时返还被侵害人财物的；

（六）违反规定不及时退还保证金的；

（七）利用职务上的便利收受他人财物或者谋取其他利益的；

（八）当场收缴罚款不出具专用票据或者不如实填写罚款数额的；

（九）接到要求制止违反治安管理行为的报警后，不及时出警的；

（十）在查处违反治安管理活动时，为违法犯罪行为人通风报信的；

（十一）泄露办理治安案件过程中的工作秘密或者其他依法应当保密的信息的；

（十二）将在办理治安案件过程中获得的个人信

息，依法提取、采集的相关信息、样本用于与治安管理、查处犯罪无关的用途，或者出售、提供给其他单位或者个人的；

（十三）剪接、删改、损毁、丢失办理治安案件的同步录音录像资料的；

（十四）有徇私舞弊、玩忽职守、滥用职权，不依法履行法定职责的其他情形的。

办理治安案件的公安机关有前款所列行为的，对负有责任的领导人员和直接责任人员，依法给予处分。

### 疑难注释

　　人民警察在办理治安案件的过程中实施上述违法行为的，应当追究的法律责任有两种：行政责任，由所在的公安机关或者上级机关给予行政处分，分为警告、记过、记大过、降级、撤职、开除六种；刑事责任，人民警察违反法律规定实施违法行为，情节严重，构成犯罪的，应当追究刑事责任。同时，还需对负责的主管人员和其他直接责任人员追究责任，即对实施该违法行为直接负责的主管人员和其他直接责任人员追究责任，并给予相应的行政处分，包括警告、记过、记大过、降级、撤职、开除。

司法工作人员对犯罪嫌疑人、被告人实行刑讯逼供或者使用暴力逼取证人证言的，处3年以下有期徒刑或者拘役。致人伤残、死亡的，依照《刑法》第234条、第232条的规定定罪从重处罚。（参见《刑法》第247条）

国家机关工作人员滥用职权或者玩忽职守，致使公共财产、国家和人民利益遭受重大损失的，处3年以下有期徒刑或者拘役；情节特别严重的，处3年以上7年以下有期徒刑。《刑法》另有规定的，依照规定。国家机关工作人员徇私舞弊，犯前述罪的，处5年以下有期徒刑或者拘役；情节特别严重的，处5年以上10年以下有

期徒刑。《刑法》另有规定的，依照规定。(参见《刑法》第 397 条)

　　有查禁犯罪活动职责的国家机关工作人员，向犯罪分子通风报信、提供便利，帮助犯罪分子逃避处罚的，处 3 年以下有期徒刑或者拘役；情节严重的，处 3 年以上 10 年以下有期徒刑。(参见《刑法》第 417 条)

★　**第一百四十条　【赔礼道歉和赔偿责任】**公安机关及其人民警察违法行使职权，侵犯公民、法人和其他组织合法权益的，应当赔礼道歉；造成损害的，应当依法承担赔偿责任。

**疑难注释**

　　行政机关及其工作人员在行使行政职权时有下列侵犯人身权情形之一的，受害人有取得赔偿的权利：(1) 违法拘留或者违法采取限制公民人身自由的行政强制措施的；（2）非法拘禁或者以其他方法非法剥夺公民人身自由的；（3）以殴打、虐待等行为或者唆使、放纵他人以殴打、虐待等行为造成公民身体伤害或者死亡的；（4）违法使用武器、警械造成公民身体伤害或者死亡的；（5）造成公民身体伤害或者死亡的其他违法行为。（参见《国家赔偿法》第3条）

　　行政机关及其工作人员在行使行政职权时有下列侵犯财产权情形之一的，受害人有取得赔偿的权利：（1）违法实施罚款、吊销许可证和执照、责令停产停业、没收财物等行政处罚的；（2）违法对财产采取查封、扣押、冻结等行政强制措施的；（3）违法征收、征用财产的；（4）造成财产损害的其他违法行为。（参见《国家赔偿法》第4条）

　　属于下列情形之一的，国家不承担赔偿责任：（1）行政机关工作人员与行使职权无关的个

人行为；（2）因公民、法人和其他组织自己的行为致使损害发生的；（3）法律规定的其他情形。(参见《国家赔偿法》第5条)

# 第六章　附　　则

★　**第一百四十一条**　【其他相关法律适用】其他法律中规定由公安机关给予行政拘留处罚的，其处罚程序适用本法规定。

公安机关依照《中华人民共和国枪支管理法》、《民用爆炸物品安全管理条例》等直接关系公共安全和社会治安秩序的法律、行政法规实施处罚的，其处罚程序适用本法规定。

本法第三十二条、第三十四条、第四十六条、第五十六条规定给予行政拘留处罚，其他法律、行政法规同时规定给予罚款、没收违法所得、没收非法财物等其他行政处罚的行为，由相关主管部门依照相应规定处罚；需要给予行政拘留处罚的，由公安机关依照本法规定处理。

**第一百四十二条**　【海警机构的职权】海警机构履行海上治安管理职责，行使本法规定的公安机关的职权，但是法律另有规定的除外。

## 疑难注释

人民武装警察部队海警部队即海警机构，统一履行海上维权执法职责。海警机构包括中国海警局及其海区分局和直属局、省级海警局、市级海警局、海警工作站。(参见《海警法》第2条)

海上维权执法工作的基本任务是开展海上安全保卫，维护海上治安秩序，打击海上走私、偷渡，在职责范围内对海洋资源开发利用、海洋生态环境保护、海洋渔业生产作业等活动进行监督检查，预防、制止和惩治海上违法犯罪活动。(参见《海警法》第5条)

海警机构依法履行下列职责：(1) 在我国管辖海域开展巡航、警戒，值守重点岛礁，管护海上界线，预防、制止、排除危害国家主权、安全和海洋权益的行为；(2) 对海上重要目标和重大活动实施安全保卫，采取必要措施保护重点岛礁以及专属经济区和大陆架的人工岛屿、设施和结构安全；(3) 实施海上治安管理，查处海上违反治安管理、入境出境管理的行为，防范和处置海上恐怖活动，维护海上治安秩序；（4）对海上有走私嫌疑的运输工具或者货物、物品、人员进行检查，查处海上走私违法行为；（5）在职责范围内对海域使用、海岛保护以及无居民海岛开发利用、海洋矿产资源勘查开发、海底电（光）缆和管道铺设与保护、海洋调查测量、海洋基础测绘、涉外海洋科学研究等活动进行监督检查，查处违法行为；（6）在职责范围内对海洋工程建设项目、海洋倾倒废弃物对海洋污染损害、自然保护地海岸线向海一侧保护利用等活动进行监督检查，查处违法行为，按照规定权限参与海洋环境污染事故的应急处置和调查处理；（7）对机动渔船底拖网禁渔区线外侧海域和特定渔业资源渔场渔业生产作业、海洋野生动物保护等活动进行监督检查，查处违法行为，依法组织或者参与调查处理海上渔业生产安全事故和渔业生产纠纷；（8）预防、制止和侦查海上犯罪活动；（9）按照国家有关职责分工，处置海上突发事件；（10）依照法律、法规和我国缔结、参加的国际条约，在我国管辖海域以外的区域承担相关执法任务；（11）法律、法规规定的其他职责。海警机构与公安、自然资源、生态环境、交通运输、渔业渔政、海关等主管部门的职责分工，按照国家有关规定执行。（参见《海警法》第 12 条）

第一百四十三条 【"以上、以下、以内"的含义】本法所称以上、以下、以内，包括本数。

第一百四十四条 【施行日期】本法自 2026 年 1 月 1 日起施行。

# 附　录

## 《治安管理处罚法》
## 新旧对照表

（左栏阴影部分为删除的内容，右栏黑体
字为增加或修改的内容）

| 2012 年《治安管理处罚法》 | 2025 年《治安管理处罚法》 |
|---|---|
| **目　录** | **目　录** |
| 第一章　总　　则 | 第一章　总　　则 |
| 第二章　处罚的种类和适用 | 第二章　处罚的种类和适用 |
| 第三章　违反治安管理的行<br>　　　　为和处罚 | 第三章　违反治安管理的行<br>　　　　为和处罚 |
| 　第一节　扰乱公共秩序的<br>　　　　　行为和处罚 | 　第一节　扰乱公共秩序的<br>　　　　　行为和处罚 |
| 　第二节　妨害公共安全的<br>　　　　　行为和处罚 | 　第二节　妨害公共安全的<br>　　　　　行为和处罚 |
| 　第三节　侵犯人身权利、<br>　　　　　财产权利的行为<br>　　　　　和处罚 | 　第三节　侵犯人身权利、<br>　　　　　财产权利的行为<br>　　　　　和处罚 |
| 　第四节　妨害社会管理的<br>　　　　　行为和处罚 | 　第四节　妨害社会管理的<br>　　　　　行为和处罚 |

| 2012 年《治安管理处罚法》 | 2025 年《治安管理处罚法》 |
|---|---|
| 第四章　处罚程序<br>　第一节 调　查<br>　第二节 决　定<br>　第三节 执　行<br>第五章　执法监督<br>第六章　附　则 | 第四章　处罚程序<br>　第一节 调　查<br>　第二节 决　定<br>　第三节 执　行<br>第五章　执法监督<br>第六章　附　则 |
| 第一章　总　则 | 第一章　总　则 |
| 　第一条　为维护社会治安秩序，保障公共安全，保护公民、法人和其他组织的合法权益，规范和保障公安机关及其人民警察依法履行治安管理职责，制定本法。 | 　第一条　为了维护社会治安秩序，保障公共安全，保护公民、法人和其他组织的合法权益，规范和保障公安机关及其人民警察依法履行治安管理职责，根据宪法，制定本法。 |
| 　第六条　各级人民政府应当加强社会治安综合治理，采取有效措施，化解社会矛盾，增进社会和谐，维护社会稳定。 | 　第二条　治安管理工作坚持中国共产党的领导，坚持综合治理。<br>　各级人民政府应当加强社会治安综合治理，采取有效措施，预防和化解社会矛盾纠纷，增进社会和谐，维护社会稳定。 |

| 2012 年《治安管理处罚法》 | 2025 年《治安管理处罚法》 |
|---|---|
| 　　**第二条**　扰乱公共秩序，妨害公共安全，侵犯人身权利、财产权利，妨害社会管理，具有社会危害性，依照《中华人民共和国刑法》的规定构成犯罪的，依法追究刑事责任；尚不够刑事处罚的，由公安机关依照本法给予治安管理处罚。 | 　　**第三条**　扰乱公共秩序，妨害公共安全，侵犯人身权利、财产权利，妨害社会管理，具有社会危害性，依照《中华人民共和国刑法》的规定构成犯罪的，依法追究刑事责任；尚不够刑事处罚的，由公安机关依照本法给予治安管理处罚。 |
| 　　**第三条**　治安管理处罚的程序，适用本法的规定；本法没有规定的，适用《中华人民共和国行政处罚法》的有关规定。 | 　　**第四条**　治安管理处罚的程序，适用本法的规定；本法没有规定的，适用《中华人民共和国行政处罚法》、《中华人民共和国行政强制法》的有关规定。 |
| 　　**第四条**　在中华人民共和国领域内发生的违反治安管理行为，除法律有特别规定的外，适用本法。<br>　　在中华人民共和国船舶和航空器内发生的违反治安管理行为，除法律有特别规定的外，适用本法。 | 　　**第五条**　在中华人民共和国领域内发生的违反治安管理行为，除法律有特别规定的外，适用本法。<br>　　在中华人民共和国船舶和航空器内发生的违反治安管理行为，除法律有特别规定的外，适用本法。 |

| 2012 年《治安管理处罚法》 | 2025 年《治安管理处罚法》 |
|---|---|
| | 在外国船舶和航空器内发生的违反治安管理行为，依照中华人民共和国缔结或者参加的国际条约，中华人民共和国行使管辖权的，适用本法。 |
| **第五条** 治安管理处罚必须以事实为依据，与违反治安管理行为的性质、情节以及社会危害程度相当。<br><br>实施治安管理处罚，应当公开、公正，尊重和保障人权，保护公民的人格尊严。<br><br>办理治安案件应当坚持教育与处罚相结合的原则。 | **第六条** 治安管理处罚必须以事实为依据，与违反治安管理的事实、性质、情节以及社会危害程度相当。<br><br>实施治安管理处罚，应当公开、公正，尊重和保障人权，保护公民的人格尊严。<br><br>办理治安案件应当坚持教育与处罚相结合的原则，充分释法说理，教育公民、法人或者其他组织自觉守法。 |
| **第七条** 国务院公安部门负责全国的治安管理工作。县级以上地方各级人民政府公安机关负责本行政区域内的治安管理工作。<br><br>治安案件的管辖由国务院公安部门规定。 | **第七条** 国务院公安部门负责全国的治安管理工作。县级以上地方各级人民政府公安机关负责本行政区域内的治安管理工作。<br><br>治安案件的管辖由国务院公安部门规定。 |

| 2012 年《治安管理处罚法》 | 2025 年《治安管理处罚法》 |
|---|---|
| **第八条**　违反治安管理的行为对他人造成损害的，行为人或者其监护人应当依法承担民事责任。 | **第八条**　违反治安管理行为对他人造成损害的，**除依照本法给予治安管理处罚外**，行为人或者其监护人**还**应当依法承担民事责任。<br><br>**违反治安管理行为构成犯罪，应当依法追究刑事责任的，不得以治安管理处罚代替刑事处罚。** |
| **第九条**　对于因民间纠纷引起的打架斗殴或者损毁他人财物等违反治安管理行为，情节较轻的，公安机关可以调解处理。经公安机关调解，当事人达成协议的，不予处罚。经调解未达成协议或者达成协议后不履行的，公安机关应当依照本法的规定对违反治安管理行为**人给予处罚**，并告知当事人可以就民事争议依法向人民法院提起民事诉讼。 | **第九条**　对于因民间纠纷引起的打架斗殴或者损毁他人财物等违反治安管理行为，情节较轻的，公安机关可以调解处理。<br><br>**调解处理治安案件，应当查明事实，并遵循合法、公正、自愿、及时的原则，注重教育和疏导，促进化解矛盾纠纷。**<br><br>经公安机关调解，当事人达成协议的，不予处罚。经调解未达成协议或者达成协议后不履行的，公安机关 |

| 2012 年《治安管理处罚法》 | 2025 年《治安管理处罚法》 |
| --- | --- |
| | 应当依照本法的规定对违反治安管理行为作出处理，并告知当事人可以就民事争议依法向人民法院提起民事诉讼。<br><br>　　对属于第一款规定的调解范围的治安案件，公安机关作出处理决定前，当事人自行和解或者经人民调解委员会调解达成协议并履行，书面申请经公安机关认可的，不予处罚。 |
| **第二章　处罚的种类和适用** | **第二章　处罚的种类和适用** |
| 　　**第十条**　治安管理处罚的种类分为：<br>　　（一）警告；<br>　　（二）罚款；<br>　　（三）行政拘留；<br>　　（四）吊销公安机关发放的许可证。<br>　　对违反治安管理的外国人，可以附加适用限期出境或者驱逐出境。 | 　　**第十条**　治安管理处罚的种类分为：<br>　　（一）警告；<br>　　（二）罚款；<br>　　（三）行政拘留；<br>　　（四）吊销公安机关发放的许可证件。<br>　　对违反治安管理的外国人，可以附加适用限期出境或者驱逐出境。 |

| 2012 年《治安管理处罚法》 | 2025 年《治安管理处罚法》 |
|---|---|
| 　　**第十一条**　办理治安案件所查获的毒品、淫秽物品等违禁品，赌具、赌资，吸食、注射毒品的用具以及直接用于实施违反治安管理行为的本人所有的工具，应当收缴，按照规定处理。<br>　　违反治安管理所得的财物，追缴退还被侵害人；没有被侵害人的，登记造册，公开拍卖或者按照国家有关规定处理，所得款项上缴国库。 | 　　**第十一条**　办理治安案件所查获的毒品、淫秽物品等违禁品，赌具、赌资，吸食、注射毒品的用具以及直接用于实施违反治安管理行为的本人所有的工具，应当收缴，按照规定处理。<br>　　违反治安管理所得的财物，追缴退还被侵害人；没有被侵害人的，登记造册，公开拍卖或者按照国家有关规定处理，所得款项上缴国库。 |
| 　　**第十二条**　已满十四周岁不满十八周岁的人违反治安管理的，从轻或者减轻处罚；不满十四周岁的人违反治安管理的，不予处罚，但是应当责令其监护人严加管教。 | 　　**第十二条**　已满十四周岁不满十八周岁的人违反治安管理的，从轻或者减轻处罚；不满十四周岁的人违反治安管理的，不予处罚，但是应当责令其监护人严加管教。 |
| 　　**第十三条**　精神病人在不能辨认或者不能控制自己 | 　　**第十三条**　精神病人、**智力残疾人**在不能辨认或者 |

| 2012 年《治安管理处罚法》 | 2025 年《治安管理处罚法》 |
|---|---|
| 行为的时候违反治安管理的，不予处罚，但是应当责令其监护人严加看管和治疗。间歇性的精神病人在精神正常的时候违反治安管理的，应当给予处罚。 | 不能控制自己行为的时候违反治安管理的，不予处罚，但是应当责令其监护人加强看护管理和治疗。间歇性的精神病人在精神正常的时候违反治安管理的，应当给予处罚。尚未完全丧失辨认或者控制自己行为能力的精神病人、智力残疾人违反治安管理的，应当给予处罚，但是可以从轻或者减轻处罚。 |
| 　　第十四条　盲人或者又聋又哑的人违反治安管理的，可以从轻、减轻或者不予处罚。 | 　　第十四条　盲人或者又聋又哑的人违反治安管理的，可以从轻、减轻或者不予处罚。 |
| 　　第十五条　醉酒的人违反治安管理的，应当给予处罚。<br>　　醉酒的人在醉酒状态中，对本人有危险或者对他人的人身、财产或者公共安全有威胁的，应当对其采取保护性措施约束至酒醒。 | 　　第十五条　醉酒的人违反治安管理的，应当给予处罚。<br>　　醉酒的人在醉酒状态中，对本人有危险或者对他人的人身、财产或者公共安全有威胁的，应当对其采取保护性措施约束至酒醒。 |

| 2012 年《治安管理处罚法》 | 2025 年《治安管理处罚法》 |
| --- | --- |
| 　　**第十六条**　有两种以上违反治安管理行为的，分别决定，合并执行。行政拘留处罚合并执行的，最长不超过二十日。 | 　　**第十六条**　有两种以上违反治安管理行为的，分别决定，合并执行处罚。行政拘留处罚合并执行的，最长不超过二十日。 |
| 　　**第十七条**　共同违反治安管理的，根据违反治安管理行为人在违反治安管理行为中所起的作用，分别处罚。<br>　　教唆、胁迫、诱骗他人违反治安管理的，按照其教唆、胁迫、诱骗的行为处罚。 | 　　**第十七条**　共同违反治安管理的，根据行为人在违反治安管理行为中所起的作用，分别处罚。<br>　　教唆、胁迫、诱骗他人违反治安管理的，按照其教唆、胁迫、诱骗的行为处罚。 |
| 　　**第十八条**　单位违反治安管理的，对其直接负责的主管人员和其他直接责任人员依照本法的规定处罚。其他法律、行政法规对同一行为规定给予单位处罚的，依照其规定处罚。 | 　　**第十八条**　单位违反治安管理的，对其直接负责的主管人员和其他直接责任人员依照本法的规定处罚。其他法律、行政法规对同一行为规定给予单位处罚的，依照其规定处罚。 |
| | 　　**第十九条**　为了免受正在进行的不法侵害而采取的制止行为，造成损害的，不属于 |

| 2012 年《治安管理处罚法》 | 2025 年《治安管理处罚法》 |
| --- | --- |
| | 违反治安管理行为，不受处罚；制止行为明显超过必要限度，造成较大损害的，依法给予处罚，但是应当减轻处罚；情节较轻的，不予处罚。 |
| 　　第十九条　违反治安管理有下列情形之一的，减轻处罚或者不予处罚：<br>　　（一）情节特别轻微的；<br>　　（二）主动消除或者减轻违法后果，并取得被侵害人谅解的；<br>　　（三）出于他人胁迫或者诱骗的；<br>　　（四）主动投案，向公安机关如实陈述自己的违法行为的；<br>　　（五）有立功表现的。 | 　　第二十条　违反治安管理有下列情形之一的，从轻、减轻或者不予处罚：<br>　　（一）情节轻微的；<br>　　（二）主动消除或者减轻违法后果的；<br>　　（三）取得被侵害人谅解的；<br>　　（四）出于他人胁迫或者诱骗的；<br>　　（五）主动投案，向公安机关如实陈述自己的违法行为的；<br>　　（六）有立功表现的。 |
| | 　　第二十一条　违反治安管理行为人自愿向公安机关如实陈述自己的违法行为，承认违法事实，愿意接受处罚的，可以依法从宽处理。 |

| 2012 年《治安管理处罚法》 | 2025 年《治安管理处罚法》 |
|---|---|
| **第二十条** 违反治安管理有下列情形之一的，从重处罚：<br><br>（一）有较严重后果的；<br><br>（二）教唆、胁迫、诱骗他人违反治安管理的；<br><br>（三）对报案人、控告人、举报人、证人打击报复的；<br><br>（四）六个月内曾受过治安管理处罚的。 | **第二十二条** 违反治安管理有下列情形之一的，从重处罚：<br><br>（一）有较严重后果的；<br><br>（二）教唆、胁迫、诱骗他人违反治安管理的；<br><br>（三）对报案人、控告人、举报人、证人打击报复的；<br><br>（四）一年以内曾受过治安管理处罚的。 |
| **第二十一条** 违反治安管理行为人有下列情形之一，依照本法应当给予行政拘留处罚的，不执行行政拘留处罚的：<br><br>（一）已满十四周岁不满十六周岁的；<br><br>（二）已满十六周岁不满十八周岁，初次违反治安管理的；<br><br>（三）七十周岁以上的；<br><br>（四）怀孕或者哺乳自己不满一周岁婴儿的。 | **第二十三条** 违反治安管理行为人有下列情形之一，依照本法应当给予行政拘留处罚的，不执行行政拘留处罚：<br><br>（一）已满十四周岁不满十六周岁的；<br><br>（二）已满十六周岁不满十八周岁，初次违反治安管理的；<br><br>（三）七十周岁以上的；<br><br>（四）怀孕或者哺乳自己不满一周岁婴儿的。 |

| 2012 年《治安管理处罚法》 | 2025 年《治安管理处罚法》 |
| --- | --- |
| | 前款第一项、第二项、第三项规定的行为人违反治安管理情节严重、影响恶劣的，或者第一项、第三项规定的行为人在一年以内二次以上违反治安管理的，不受前款规定的限制。 |
| | **第二十四条** 对依照本法第十二条规定不予处罚或者依照本法第二十三条规定不执行行政拘留处罚的未成年人，公安机关依照《中华人民共和国预防未成年人犯罪法》的规定采取相应矫治教育等措施。 |
| **第二十二条** 违反治安管理行为在六个月内没有被公安机关发现的，不再处罚。<br>前款规定的期限，从违反治安管理行为发生之日起计算；违反治安管理行为有连续或者继续状态的，从行为终了之日起计算。 | **第二十五条** 违反治安管理行为在六个月以内没有被公安机关发现的，不再处罚。<br>前款规定的期限，从违反治安管理行为发生之日起计算；违反治安管理行为有连续或者继续状态的，从行为终了之日起计算。 |

| 2012 年《治安管理处罚法》 | 2025 年《治安管理处罚法》 |
|---|---|
| **第三章　违反治安管理的行为和处罚** | **第三章　违反治安管理的行为和处罚** |
| *第一节　扰乱公共秩序的行为和处罚* | *第一节　扰乱公共秩序的行为和处罚* |
| **第二十三条**　有下列行为之一的，处警告或者二百元以下罚款；情节较重的，处五日以上十日以下拘留，可以并处五百元以下罚款：<br><br>（一）扰乱机关、团体、企业、事业单位秩序，致使工作、生产、营业、医疗、教学、科研不能正常进行，尚未造成严重损失的；<br><br>（二）扰乱车站、港口、码头、机场、商场、公园、展览馆或者其他公共场所秩序的；<br><br>（三）扰乱公共汽车、电车、火车、船舶、航空器或者其他公共交通工具上的秩序的； | **第二十六条**　有下列行为之一的，处警告或者五百元以下罚款；情节较重的，处五日以上十日以下拘留，可以并处一千元以下罚款：<br><br>（一）扰乱机关、团体、企业、事业单位秩序，致使工作、生产、营业、医疗、教学、科研不能正常进行，尚未造成严重损失的；<br><br>（二）扰乱车站、港口、码头、机场、商场、公园、展览馆或者其他公共场所秩序的；<br><br>（三）扰乱公共汽车、电车、城市轨道交通车辆、火车、船舶、航空器或者其他公共交通工具上的秩序的； |

| 2012 年《治安管理处罚法》 | 2025 年《治安管理处罚法》 |
|---|---|
| （四）非法拦截或者强登、扒乘机动车、船舶、航空器以及其他交通工具，影响交通工具正常行驶的；<br><br>（五）破坏依法进行的选举秩序的。<br><br>　　聚众实施前款行为的，对首要分子处十日以上十五日以下拘留，可以并处**一千**元以下罚款。 | （四）非法拦截或者强登、扒乘机动车、船舶、航空器以及其他交通工具，影响交通工具正常行驶的；<br><br>（五）破坏依法进行的选举秩序的。<br><br>　　聚众实施前款行为的，对首要分子处十日以上十五日以下拘留，可以并处**二千**元以下罚款。 |
|  | 　　**第二十七条**　在法律、行政法规规定的国家考试中，有下列行为之一，扰乱考试秩序的，处违法所得一倍以上五倍以下罚款，没有违法所得或者违法所得不足一千元的，处一千元以上三千元以下罚款；情节较重的，处五日以上十五日以下拘留：<br><br>　　（一）组织作弊的；<br><br>　　（二）为他人组织作弊提供作弊器材或者其他帮助的； |

| 2012 年《治安管理处罚法》 | 2025 年《治安管理处罚法》 |
|---|---|
|  | 　　（三）为实施考试作弊行为，向他人非法出售、提供考试试题、答案的；<br>　　（四）代替他人或者让他人代替自己参加考试的。 |
| 　　**第二十四条**　有下列行为之一，扰乱<mark>文化</mark>、体育等大型群众性活动秩序的，处警告或者<mark>二</mark>百元以下罚款；情节严重的，处五日以上十日以下拘留，可以并处<mark>五百</mark>元以下罚款：<br>　　（一）强行进入场内的；<br>　　（二）违反规定，在场内燃放烟花爆竹或者其他物品的；<br>　　（三）展示侮辱性标语、条幅等物品的；<br>　　（四）围攻裁判员、运动员或者其他工作人员的；<br>　　（五）向场内投掷杂物，不听制止的；<br>　　（六）扰乱大型群众性活 | 　　**第二十八条**　有下列行为之一，扰乱体育、<mark>文化</mark>等大型群众性活动秩序的，处警告或者<mark>五</mark>百元以下罚款；情节严重的，处五日以上十日以下拘留，可以并处<mark>一千</mark>元以下罚款：<br>　　（一）强行进入场内的；<br>　　（二）违反规定，在场内燃放烟花爆竹或者其他物品的；<br>　　（三）展示侮辱性标语、条幅等物品的；<br>　　（四）围攻裁判员、运动员或者其他工作人员的；<br>　　（五）向场内投掷杂物，不听制止的；<br>　　（六）扰乱大型群众性活 |

| 2012 年《治安管理处罚法》 | 2025 年《治安管理处罚法》 |
|---|---|
| 动秩序的其他行为。<br><br>　　因扰乱体育比赛秩序被处以拘留处罚的，可以同时责令其十二个月内不得进入体育场馆观看同类比赛；违反规定进入体育场馆的，强行带离现场。 | 动秩序的其他行为。<br><br>　　因扰乱体育比赛、文艺演出活动秩序被处以拘留处罚的，可以同时责令其六个月至一年以内不得进入体育场馆、演出场馆观看同类比赛、演出；违反规定进入体育场馆、演出场馆的，强行带离现场，可以处五日以下拘留或者一千元以下罚款。 |
| 　　第二十五条　有下列行为之一的，处五日以上十日以下拘留，可以并处五百元以下罚款；情节较轻的，处五日以下拘留或者五百元以下罚款：<br>　　（一）散布谣言，谎报险情、疫情、警情或者以其他方法故意扰乱公共秩序的；<br>　　（二）投放虚假的爆炸性、毒害性、放射性、腐蚀性物质或者传染病病原体等危险物质扰乱公共秩序的； | 　　第二十九条　有下列行为之一的，处五日以上十日以下拘留，可以并处一千元以下罚款；情节较轻的，处五日以下拘留或者一千元以下罚款：<br>　　（一）故意散布谣言，谎报险情、疫情、灾情、警情或者以其他方法故意扰乱公共秩序的；<br>　　（二）投放虚假的爆炸性、毒害性、放射性、腐蚀性物质或者传染病病原体等 |

| 2012 年《治安管理处罚法》 | 2025 年《治安管理处罚法》 |
|---|---|
| （三）扬言实施放火、爆炸、投放危险物质扰乱公共秩序的。 | 危险物质扰乱公共秩序的；<br>（三）扬言实施放火、爆炸、投放危险物质**等危害公共安全犯罪行为**扰乱公共秩序的。 |
| **第二十六条**　有下列行为之一的，处五日以上十日以下拘留，可以并处五百元以下罚款；情节较重的，处十日以上十五日以下拘留，可以并处一千元以下罚款：<br>（一）结伙斗殴的；<br>（二）追逐、拦截他人的；<br>（三）强拿硬要或者任意损毁、占用公私财物的；<br>（四）其他寻衅滋事行为。 | **第三十条**　有下列行为之一的，处五日以上十日以下拘留**或者一千元以下罚款**；情节较重的，处十日以上十五日以下拘留，可以并处**二**千元以下罚款：<br>（一）结伙斗殴**或者随意殴打他人**的；<br>（二）追逐、拦截他人的；<br>（三）强拿硬要或者任意损毁、占用公私财物的；<br>（四）其他**无故侵扰他人、扰乱社会秩序的**寻衅滋事行为。 |
| **第二十七条**　有下列行为之一的，处十日以上十五日 | **第三十一条**　有下列行为之一的，处十日以上十五日 |

| 2012年《治安管理处罚法》 | 2025年《治安管理处罚法》 |
|---|---|
| 以下拘留，可以并处一千元以下罚款；情节较轻的，处五日以上十日以下拘留，可以并处五百元以下罚款：<br><br>（一）组织、教唆、胁迫、诱骗、煽动他人从事邪教、会道门活动或者利用邪教、会道门、迷信活动，扰乱社会秩序、损害他人身体健康的；<br><br>（二）冒用宗教、气功名义进行扰乱社会秩序、损害他人身体健康活动的。 | 以下拘留，可以并处二千元以下罚款；情节较轻的，处五日以上十日以下拘留，可以并处一千元以下罚款：<br><br>（一）组织、教唆、胁迫、诱骗、煽动他人从事邪教活动、会道门活动、非法的宗教活动或者利用邪教组织、会道门、迷信活动，扰乱社会秩序、损害他人身体健康的；<br><br>（二）冒用宗教、气功名义进行扰乱社会秩序、损害他人身体健康活动的；<br><br>（三）制作、传播宣扬邪教、会道门内容的物品、信息、资料的。 |
| 第二十八条　违反国家规定，故意干扰无线电业务正常进行的，或者对正常运行的无线电台（站）产生有害干扰，经有关主管部门指出后，拒不采取有效措施消除 | 第三十二条　违反国家规定，有下列行为之一的，处五日以上十日以下拘留；情节严重的，处十日以上十五日以下拘留：<br><br>（一）故意干扰无线电业 |

| 2012 年《治安管理处罚法》 | 2025 年《治安管理处罚法》 |
|---|---|
| 的，处五日以上十日以下拘留；情节严重的，处十日以上十五日以下拘留。 | 务正常进行的；<br>（二）对正常运行的无线电台（站）产生有害干扰，经有关主管部门指出后，拒不采取有效措施消除的；<br>（三）未经批准设置无线电广播电台、通信基站等无线电台（站）的，或者非法使用、占用无线电频率，从事违法活动的。 |
| 　　**第二十九条**　有下列行为之一的，处五日以下拘留；情节较重的，处五日以上十日以下拘留：<br>　　（一）违反国家规定，侵入计算机信息系统，造成危害的；<br>　　（二）违反国家规定，对计算机信息系统功能进行删除、修改、增加、干扰，造成计算机信息系统不能正常运行的；<br>　　（三）违反国家规定，对 | 　　**第三十三条**　有下列行为之一，造成危害的，处五日以下拘留；情节较重的，处五日以上十五日以下拘留：<br>　　（一）违反国家规定，侵入计算机信息系统或者采用其他技术手段，获取计算机信息系统中存储、处理或者传输的数据，或者对计算机信息系统实施非法控制的；<br>　　（二）违反国家规定，对计算机信息系统功能进行删除、修改、增加、干扰的； |

| 2012 年《治安管理处罚法》 | 2025 年《治安管理处罚法》 |
|---|---|
| 计算机信息系统中存储、处理、传输的数据和应用程序进行删除、修改、增加的；<br>（四）故意制作、传播计算机病毒等破坏性程序，<mark>影响计算机信息系统正常运行的。</mark> | （三）违反国家规定，对计算机信息系统中存储、处理、传输的数据和应用程序进行删除、修改、增加的；<br>（四）故意制作、传播计算机病毒等破坏性程序的；<br>（五）提供专门用于侵入、非法控制计算机信息系统的程序、工具，或者明知他人实施侵入、非法控制计算机信息系统的违法犯罪行为而为其提供程序、工具的。 |
|  | 第三十四条　组织、领导传销活动的，处十日以上十五日以下拘留；情节较轻的，处五日以上十日以下拘留。<br>　　胁迫、诱骗他人参加传销活动的，处五日以上十日以下拘留；情节较重的，处十日以上十五日以下拘留。 |

| 2012 年《治安管理处罚法》 | 2025 年《治安管理处罚法》 |
| --- | --- |
|  | 　　第三十五条　有下列行为之一的，处五日以上十日以下拘留或者一千元以上三千元以下罚款；情节较重的，处十日以上十五日以下拘留，可以并处五千元以下罚款：<br>　　（一）在国家举行庆祝、纪念、缅怀、公祭等重要活动的场所及周边管控区域，故意从事与活动主题和氛围相违背的行为，不听劝阻，造成不良社会影响的；<br>　　（二）在英雄烈士纪念设施保护范围内从事有损纪念英雄烈士环境和氛围的活动，不听劝阻的，或者侵占、破坏、污损英雄烈士纪念设施的；<br>　　（三）以侮辱、诽谤或者其他方式侵害英雄烈士的姓名、肖像、名誉、荣誉，损害社会公共利益的； |

| 2012 年《治安管理处罚法》 | 2025 年《治安管理处罚法》 |
| --- | --- |
| | （四）亵渎、否定英雄烈士事迹和精神，或者制作、传播、散布宣扬、美化侵略战争、侵略行为的言论或者图片、音视频等物品，扰乱公共秩序的；<br><br>（五）在公共场所或者强制他人在公共场所穿着、佩戴宣扬、美化侵略战争、侵略行为的服饰、标志，不听劝阻，造成不良社会影响的。 |
| 第二节　妨害公共安全的<br>行为和处罚 | 第二节　妨害公共安全的<br>行为和处罚 |
| **第三十条**　违反国家规定，制造、买卖、储存、运输、邮寄、携带、使用、提供、处置爆炸性、毒害性、放射性、腐蚀性物质或者传染病病原体等危险物质的，处十日以上十五日以下拘留；情节较轻的，处五日以上十日以下拘留。 | **第三十六条**　违反国家规定，制造、买卖、储存、运输、邮寄、携带、使用、提供、处置爆炸性、毒害性、放射性、腐蚀性物质或者传染病病原体等危险物质的，处十日以上十五日以下拘留；情节较轻的，处五日以上十日以下拘留。 |

| 2012 年《治安管理处罚法》 | 2025 年《治安管理处罚法》 |
|---|---|
| 　第三十一条　爆炸性、毒害性、放射性、腐蚀性物质或者传染病病原体等危险物质被盗、被抢或者丢失，未按规定报告的，处五日以下拘留；故意隐瞒不报的，处五日以上十日以下拘留。 | 　第三十七条　爆炸性、毒害性、放射性、腐蚀性物质或者传染病病原体等危险物质被盗、被抢或者丢失，未按规定报告的，处五日以下拘留；故意隐瞒不报的，处五日以上十日以下拘留。 |
| 　第三十二条　非法携带枪支、弹药或者弩、匕首等国家规定的管制器具的，处五日以下拘留，可以并处五百元以下罚款；情节较轻的，处警告或者二百元以下罚款。<br>　非法携带枪支、弹药或者弩、匕首等国家规定的管制器具进入公共场所或者公共交通工具的，处五日以上十日以下拘留，可以并处五百元以下罚款。 | 　第三十八条　非法携带枪支、弹药或者弩、匕首等国家规定的管制器具的，处五日以下拘留，可以并处一千元以下罚款；情节较轻的，处警告或者五百元以下罚款。<br>　非法携带枪支、弹药或者弩、匕首等国家规定的管制器具进入公共场所或者公共交通工具的，处五日以上十日以下拘留，可以并处一千元以下罚款。 |
| 　第三十三条　有下列行为之一的，处十日以上十五日以下拘留： | 　第三十九条　有下列行为之一的，处十日以上十五日以下拘留；情节较轻的， |

| 2012 年《治安管理处罚法》 | 2025 年《治安管理处罚法》 |
|---|---|
| （一）盗窃、损毁油气管道设施、电力电信设施、广播电视设施、水利防汛工程设施或者水文监测、测量、气象测报、环境监测、地质监测、地震监测等公共设施的； | 处五日以下拘留：<br>（一）盗窃、损毁油气管道设施、电力电信设施、广播电视设施、水利工程设施、公共供水设施、公路及附属设施或者水文监测、测量、气象测报、生态环境监测、地质监测、地震监测等公共设施，危及公共安全的； |
| （二）移动、损毁国家边境的界碑、界桩以及其他边境标志、边境设施或者领土、领海标志设施的； | （二）移动、损毁国家边境的界碑、界桩以及其他边境标志、边境设施或者领土、领海基点标志设施的； |
| （三）非法进行影响国（边）界线走向的活动或者修建有碍国（边）境管理的设施的。 | （三）非法进行影响国（边）界线走向的活动或者修建有碍国（边）境管理的设施的。 |
| **第三十四条** 盗窃、损坏、擅自移动使用中的航空设施，或者强行进入航空器驾驶舱的，处十日以上十五日以下拘留。<br>在使用中的航空器上使用 | **第四十条** 盗窃、损坏、擅自移动使用中的航空设施，或者强行进入航空器驾驶舱的，处十日以上十五日以下拘留。<br>在使用中的航空器上使用 |

| 2012 年《治安管理处罚法》 | 2025 年《治安管理处罚法》 |
|---|---|
| 可能影响导航系统正常功能的器具、工具，不听劝阻的，处五日以下拘留或者五百元以下罚款。 | 可能影响导航系统正常功能的器具、工具，不听劝阻的，处五日以下拘留或者一千元以下罚款。<br><br>盗窃、损坏、擅自移动使用中的其他公共交通工具设施、设备，或者以抢控驾驶操纵装置、拉扯、殴打驾驶人员等方式，干扰公共交通工具正常行驶的，处五日以下拘留或者一千元以下罚款；情节较重的，处五日以上十日以下拘留。 |
| 　第三十五条　有下列行为之一的，处五日以上十日以下拘留，可以并处五百元以下罚款；情节较轻的，处五日以下拘留或者五百元以下罚款：<br>　（一）盗窃、损毁或者擅自移动铁路设施、设备、机车车辆配件或者安全标志的； | 　第四十一条　有下列行为之一的，处五日以上十日以下拘留，可以并处一千元以下罚款；情节较轻的，处五日以下拘留或者一千元以下罚款：<br>　（一）盗窃、损毁、擅自移动铁路、城市轨道交通设施、设备、机车车辆配件或者安全标志的； |

| 2012 年《治安管理处罚法》 | 2025 年《治安管理处罚法》 |
|---|---|
| （二）在铁路线路上放置障碍物，或者故意向列车投掷物品的； | （二）在铁路、城市轨道交通线路上放置障碍物，或者故意向列车投掷物品的； |
| （三）在铁路线路、桥梁、涵洞处挖掘坑穴、采石取沙的； | （三）在铁路、城市轨道交通线路、桥梁、隧道、涵洞处挖掘坑穴、采石取沙的； |
| （四）在铁路线路上私设道口或者平交过道。 | （四）在铁路、城市轨道交通线路上私设道口或者平交过道的。 |
| **第三十六条** 擅自进入铁路防护网或者火车来临时在铁路线路上行走坐卧、抢越铁路，影响行车安全的，处警告或者二百元以下罚款。 | **第四十二条** 擅自进入铁路、城市轨道交通防护网或者火车、城市轨道交通列车来临时在铁路、城市轨道交通线路上行走坐卧，抢越铁路、城市轨道，影响行车安全的，处警告或者五百元以下罚款。 |
| **第三十七条** 有下列行为之一的，处五日以下拘留或者五百元以下罚款；情节严重，处五日以上十日以下 | **第四十三条** 有下列行为之一的，处五日以下拘留或者一千元以下罚款；情节严重的，处十日以上十五日以 |

| 2012 年《治安管理处罚法》 | 2025 年《治安管理处罚法》 |
| --- | --- |
| 拘留，可以并处五百元以下罚款：<br><br>（一）未经批准，安装、使用电网的，或者安装、使用电网不符合安全规定的；<br><br>（二）在车辆、行人通行的地方施工，对沟井坎穴不设覆盖物、防围和警示标志的，或者故意损毁、移动覆盖物、防围和警示标志的；<br><br>（三）盗窃、损毁路面井盖、照明等公共设施的。 | 下拘留，可以并处一千元以下罚款：<br><br>（一）未经批准，安装、使用电网的，或者安装、使用电网不符合安全规定的；<br><br>（二）在车辆、行人通行的地方施工，对沟井坎穴不设覆盖物、防围和警示标志的，或者故意损毁、移动覆盖物、防围和警示标志的；<br><br>（三）盗窃、损毁路面井盖、照明等公共设施的；<br><br>（四）违反有关法律法规规定，升放携带明火的升空物体，有发生火灾事故危险，不听劝阻的；<br><br>（五）从建筑物或者其他高空抛掷物品，有危害他人人身安全、公私财产安全或者公共安全危险的。 |
| **第三十八条** 举办文化、体育等大型群众性活动，违反有关规定，有发生 | 第四十四条 举办体育、文化等大型群众性活动，违反有关规定，有发生安全事故 |

| 2012 年《治安管理处罚法》 | 2025 年《治安管理处罚法》 |
| --- | --- |
| 安全事故危险的，责令停止活动，立即疏散；对组织者处五日以上十日以下拘留，并处二百元以上五百元以下罚款；情节较轻的，处五日以下拘留或者五百元以下罚款。 | 危险，经公安机关责令改正而拒不改正或者无法改正的，责令停止活动，立即疏散；对其直接负责的主管人员和其他直接责任人员处五日以上十日以下拘留，并处一千元以上三千元以下罚款；情节较重的，处十日以上十五日以下拘留，并处三千元以上五千元以下罚款，可以同时责令六个月至一年以内不得举办大型群众性活动。 |
| 　　第三十九条　旅馆、饭店、影剧院、娱乐场、运动场、展览馆或者其他供社会公众活动的场所的经营管理人员，违反安全规定，致使该场所有发生安全事故危险，经公安机关责令改正，拒不改正的，处五日以下拘留。 | 　　第四十五条　旅馆、饭店、影剧院、娱乐场、体育场馆、展览馆或者其他供社会公众活动的场所违反安全规定，致使该场所有发生安全事故危险，经公安机关责令改正而拒不改正的，对其直接负责的主管人员和其他直接责任人员处五日以下拘留；情节较重的，处五日以上十日以下拘留。 |

| 2012 年《治安管理处罚法》 | 2025 年《治安管理处罚法》 |
|---|---|
| | **第四十六条** 违反有关法律法规关于飞行空域管理规定，飞行民用无人驾驶航空器、航空运动器材，或者升放无人驾驶自由气球、系留气球等升空物体，情节较重的，处五日以上十日以下拘留。<br><br>飞行、升放前款规定的物体非法穿越国（边）境的，处十日以上十五日以下拘留。 |
| 第三节　侵犯人身权利、财产权利的行为和处罚 | 第三节　侵犯人身权利、财产权利的行为和处罚 |
| **第四十条** 有下列行为之一的，处十日以上十五日以下拘留，并处五百元以上一千元以下罚款；情节较轻的，处五日以上十日以下拘留，并处二百元以上五百元以下罚款：<br>（一）组织、胁迫、诱骗不满十六周岁的人或者残疾人进行恐怖、残忍表演的； | **第四十七条** 有下列行为之一的，处十日以上十五日以下拘留，并处一千元以上二千元以下罚款；情节较轻的，处五日以上十日以下拘留，并处一千元以下罚款：<br>（一）组织、胁迫、诱骗不满十六周岁的人或者残疾人进行恐怖、残忍表演的；<br>（二）以暴力、威胁或者 |

| 2012 年《治安管理处罚法》 | 2025 年《治安管理处罚法》 |
|---|---|
| （二）以暴力、威胁或者其他手段强迫他人劳动的；<br>（三）非法限制他人人身自由、非法侵入他人住宅或者非法搜查他人身体的。 | 其他手段强迫他人劳动的；<br>（三）非法限制他人人身自由、非法侵入他人住宅或者非法搜查他人身体的。 |
|  | 第四十八条　组织、胁迫未成年人在不适宜未成年人活动的经营场所从事陪酒、陪唱等有偿陪侍活动的，处十日以上十五日以下拘留，并处五千元以下罚款；情节较轻的，处五日以下拘留或者五千元以下罚款。 |
| 第四十一条　胁迫、诱骗或者利用他人乞讨的，处十日以上十五日以下拘留，可以并处一千元以下罚款。<br>反复纠缠、强行讨要或者以其他滋扰他人的方式乞讨的，处五日以下拘留或者警告。 | 第四十九条　胁迫、诱骗或者利用他人乞讨的，处十日以上十五日以下拘留，可以并处二千元以下罚款。<br>反复纠缠、强行讨要或者以其他滋扰他人的方式乞讨的，处五日以下拘留或者警告。 |

| 2012 年《治安管理处罚法》 | 2025 年《治安管理处罚法》 |
|---|---|
| 　　第四十二条　有下列行为之一的，处五日以下拘留或者五百元以下罚款；情节较重的，处五日以上十日以下拘留，可以并处五百元以下罚款：<br><br>　　（一）写恐吓信或者以其他方法威胁他人人身安全的；<br><br>　　（二）公然侮辱他人或者捏造事实诽谤他人的；<br><br>　　（三）捏造事实诬告陷害他人，企图使他人受到刑事追究或者受到治安管理处罚的；<br><br>　　（四）对证人及其近亲属进行威胁、侮辱、殴打或者打击报复的；<br><br>　　（五）多次发送淫秽、侮辱、恐吓或者其他信息，干扰他人正常生活的；<br><br>　　（六）偷窥、偷拍、窃听、散布他人隐私的。 | 　　第五十条　有下列行为之一的，处五日以下拘留或者一千元以下罚款；情节较重的，处五日以上十日以下拘留，可以并处一千元以下罚款：<br><br>　　（一）写恐吓信或者以其他方法威胁他人人身安全的；<br><br>　　（二）公然侮辱他人或者捏造事实诽谤他人的；<br><br>　　（三）捏造事实诬告陷害他人，企图使他人受到刑事追究或者受到治安管理处罚的；<br><br>　　（四）对证人及其近亲属进行威胁、侮辱、殴打或者打击报复的；<br><br>　　（五）多次发送淫秽、侮辱、恐吓等信息或者采取滋扰、纠缠、跟踪等方法，干扰他人正常生活的；<br><br>　　（六）偷窥、偷拍、窃听、散布他人隐私的。 |

| 2012 年《治安管理处罚法》 | 2025 年《治安管理处罚法》 |
|---|---|
|  | 　　有前款第五项规定的滋扰、纠缠、跟踪行为的，除依照前款规定给予处罚外，经公安机关负责人批准，可以责令其一定期限内禁止接触被侵害人。对违反禁止接触规定的，处五日以上十日以下拘留，可以并处一千元以下罚款。 |
| 　　**第四十三条**　殴打他人的，或者故意伤害他人身体的，处五日以上十日以下拘留，并处二百元以上五百元以下罚款；情节较轻的，处五日以下拘留或者五百元以下罚款。<br><br>　　有下列情形之一的，处十日以上十五日以下拘留，并处五百元以上一千元以下罚款：<br>　　（一）结伙殴打、伤害他人的；<br>　　（二）殴打、伤害残疾 | 　　**第五十一条**　殴打他人的，或者故意伤害他人身体的，处五日以上十日以下拘留，并处五百元以上一千元以下罚款；情节较轻的，处五日以下拘留或者一千元以下罚款。<br><br>　　有下列情形之一的，处十日以上十五日以下拘留，并处一千元以上二千元以下罚款：<br>　　（一）结伙殴打、伤害他人的；<br>　　（二）殴打、伤害残疾 |

| 2012 年《治安管理处罚法》 | 2025 年《治安管理处罚法》 |
|---|---|
| 人、孕妇、不满十四周岁的人或者六十周岁以上的人的；<br>（三）多次殴打、伤害他人或者一次殴打、伤害多人的。 | 人、孕妇、不满十四周岁的或者七十周岁以上的人的；<br>（三）多次殴打、伤害他人或者一次殴打、伤害多人的。 |
| **第四十四条**　猥亵他人的，或者在公共场所故意裸露身体，情节恶劣的，处五日以上十日以下拘留；猥亵智力残疾人、精神病人、不满十四周岁的人或者有其他严重情节的，处十日以上十五日以下拘留。 | **第五十二条**　猥亵他人的，处五日以上十日以下拘留；猥亵精神病人、智力残疾人、不满十四周岁的人或者有其他严重情节的，处十日以上十五日以下拘留。<br>　　在公共场所故意裸露身体隐私部位的，处警告或者五百元以下罚款；情节恶劣的，处五日以上十日以下拘留。 |
| **第四十五条**　有下列行为之一的，处五日以下拘留或者警告：<br>　　（一）虐待家庭成员，被虐待人要求处理的；<br>　　（二）遗弃没有独立生活能力的被扶养人的。 | **第五十三条**　有下列行为之一的，处五日以下拘留或者警告；情节较重的，处五日以上十日以下拘留，可以并处一千元以下罚款：<br>　　（一）虐待家庭成员，被虐待人或者其监护人要求处理的； |

| 2012年《治安管理处罚法》 | 2025年《治安管理处罚法》 |
|---|---|
|  | （二）对未成年人、老年人、患病的人、残疾人等负有监护、看护职责的人虐待被监护、看护的人的；<br><br>（三）遗弃没有独立生活能力的被扶养人的。 |
| 第四十六条　强买强卖商品，强迫他人提供服务或者强迫他人接受服务的，处五日以上十日以下拘留，并处二百元以上五百元以下罚款；情节较轻的，处五日以下拘留或者五百元以下罚款。 | 第五十四条　强买强卖商品，强迫他人提供服务或者强迫他人接受服务的，处五日以上十日以下拘留，并处三千元以上五千元以下罚款；情节较轻的，处五日以下拘留或者一千元以下罚款。 |
| 第四十七条　煽动民族仇恨、民族歧视，或者在出版物、计算机信息网络中刊载民族歧视、侮辱内容的，处十日以上十五日以下拘留，可以并处一千元以下罚款。 | 第五十五条　煽动民族仇恨、民族歧视，或者在出版物、信息网络中刊载民族歧视、侮辱内容的，处十日以上十五日以下拘留，可以并处三千元以下罚款；情节较轻的，处五日以下拘留或者三千元以下罚款。 |

| 2012 年《治安管理处罚法》 | 2025 年《治安管理处罚法》 |
|---|---|
| | 第五十六条　违反国家有关规定，向他人出售或者提供个人信息的，处十日以上十五日以下拘留；情节较轻的，处五日以下拘留。<br><br>窃取或者以其他方法非法获取个人信息的，依照前款的规定处罚。 |
| 第四十八条　冒领、隐匿、毁弃、私自开拆或者非法检查他人邮件的，处五日以下拘留或者五百元以下罚款。 | 第五十七条　冒领、隐匿、毁弃、倒卖、私自开拆或者非法检查他人邮件、快件的，处警告或者一千元以下罚款；情节较重的，处五日以上十日以下拘留。 |
| 第四十九条　盗窃、诈骗、哄抢、抢夺、敲诈勒索或者故意损毁公私财物的，处五日以上十日以下拘留，可以并处五百元以下罚款；情节较重的，处十日以上十五日以下拘留，可以并处一千元以下罚款。 | 第五十八条　盗窃、诈骗、哄抢、抢夺或者敲诈勒索的，处五日以上十日以下拘留或者二千元以下罚款；情节较重的，处十日以上十五日以下拘留，可以并处三千元以下罚款。 |
| | 第五十九条　故意损毁 |

| 2012 年《治安管理处罚法》 | 2025 年《治安管理处罚法》 |
| --- | --- |
| | 公私财物的，处**五**日以下拘留**或者一千**元以下罚款；情节较重的，处**五**日以上**十**日以下拘留，可以并处**三千**元以下罚款。 |
| | 　　**第六十条**　以殴打、侮辱、恐吓等方式实施学生欺凌，违反治安管理的，公安机关应当依照本法、《中华人民共和国预防未成年人犯罪法》的规定，给予治安管理处罚、采取相应矫治教育等措施。<br>　　学校违反有关法律法规规定，明知发生严重的学生欺凌或者明知发生其他侵害未成年学生的犯罪，不按规定报告或者处置的，责令改正，对其直接负责的主管人员和其他直接责任人员，建议有关部门依法予以处分。 |

| 2012 年《治安管理处罚法》 | 2025 年《治安管理处罚法》 |
|---|---|
| 第四节　妨害社会管理的行为和处罚 | 第四节　妨害社会管理的行为和处罚 |
| 　　**第五十条**　有下列行为之一的，处警告或者二百元以下罚款；情节严重的，处五日以上十日以下拘留，可以并处五百元以下罚款：<br>　　（一）拒不执行人民政府在紧急状态情况下依法发布的决定、命令的；<br>　　（二）阻碍国家机关工作人员依法执行职务的；<br>　　（三）阻碍执行紧急任务的消防车、救护车、工程抢险车、警车等车辆通行的；<br>　　（四）强行冲闯公安机关设置的警戒带、警戒区的。<br>　　阻碍人民警察依法执行职务的，从重处罚。 | 　　**第六十一条**　有下列行为之一的，处警告或者五百元以下罚款；情节严重的，处五日以上十日以下拘留，可以并处一千元以下罚款：<br>　　（一）拒不执行人民政府在紧急状态情况下依法发布的决定、命令的；<br>　　（二）阻碍国家机关工作人员依法执行职务的；<br>　　（三）阻碍执行紧急任务的消防车、救护车、工程抢险车、警车或者执行上述紧急任务的专用船舶通行的；<br>　　（四）强行冲闯公安机关设置的警戒带、警戒区或者检查点的。<br>　　阻碍人民警察依法执行职务的，从重处罚。 |

| 2012年《治安管理处罚法》 | 2025年《治安管理处罚法》 |
|---|---|
| 第五十一条　冒充国家机关工作人员或者以其他虚假身份招摇撞骗的，处五日以上十日以下拘留，可以并处五百元以下罚款；情节较轻的，处五日以下拘留或者五百元以下罚款。<br><br>冒充军警人员招摇撞骗的，从重处罚。 | 第六十二条　冒充国家机关工作人员招摇撞骗的，处十日以上十五日以下拘留，可以并处一千元以下罚款；情节较轻的，处五日以上十日以下拘留。<br><br>冒充军警人员招摇撞骗的，从重处罚。<br><br>盗用、冒用个人、组织的身份、名义或者以其他虚假身份招摇撞骗的，处五日以下拘留或者一千元以下罚款；情节较重的，处五日以上十日以下拘留，可以并处一千元以下罚款。 |
| 第五十二条　有下列行为之一的，处十日以上十五日以下拘留，可以并处一千元以下罚款；情节较轻的，处五日以上十日以下拘留，可以并处五百元以下罚款：<br><br>（一）伪造、变造或者买卖国家机关、人民团体、 | 第六十三条　有下列行为之一的，处十日以上十五日以下拘留，可以并处五千元以下罚款；情节较轻的，处五日以上十日以下拘留，可以并处三千元以下罚款：<br><br>（一）伪造、变造或者买卖国家机关、人民团体、 |

| 2012 年《治安管理处罚法》 | 2025 年《治安管理处罚法》 |
|---|---|
| 企业、事业单位或者其他组织的公文、证件、证明文件、印章的； | 企业、事业单位或者其他组织的公文、证件、证明文件、印章的； |
| （二）买卖或者使用伪造、变造的国家机关、人民团体、企业、事业单位或者其他组织的公文、证件、证明文件的； | （二）出租、出借国家机关、人民团体、企业、事业单位或者其他组织的公文、证件、证明文件、印章供他人非法使用的； |
| （三）伪造、变造、倒卖车票、船票、航空客票、文艺演出票、体育比赛入场券或者其他有价票证、凭证的； | （三）买卖或者使用伪造、变造的国家机关、人民团体、企业、事业单位或者其他组织的公文、证件、证明文件、印章的； |
| （四）伪造、变造船舶户牌，买卖或者使用伪造、变造的船舶户牌，或者涂改船舶发动机号码。 | （四）伪造、变造或者倒卖车票、船票、航空客票、文艺演出票、体育比赛入场券或者其他有价票证、凭证的； |
| | （五）伪造、变造船舶户牌，买卖或者使用伪造、变造的船舶户牌，或者涂改船舶发动机号码。 |

| 2012 年《治安管理处罚法》 | 2025 年《治安管理处罚法》 |
|---|---|
| **第五十三条** 船舶擅自进入、停靠国家禁止、限制进入的水域或者岛屿的，对船舶负责人及有关责任人员处五百元以上一千元以下罚款；情节严重的，处五日以下拘留，并处五百元以上一千元以下罚款。 | **第六十四条** 船舶擅自进入、停靠国家禁止、限制进入的水域或者岛屿的，对船舶负责人及有关责任人员处一千元以上二千元以下罚款；情节严重的，处五日以下拘留，可以并处二千元以下罚款。 |
| **第五十四条** 有下列行为之一的，处十日以上十五日以下拘留，并处五百元以上一千元以下罚款；情节较轻的，处五日以下拘留或者五百元以下罚款：<br>（一）违反国家规定，未经注册登记，以社会团体名义进行活动，被取缔后，仍进行活动的；<br>（二）被依法撤销登记的社会团体，仍以社会团体名义进行活动的；<br>（三）未经许可，擅自经营按照国家规定需要由公安 | **第六十五条** 有下列行为之一的，处十日以上十五日以下拘留，可以并处五千元以下罚款；情节较轻的，处五日以上十日以下拘留或者一千元以上三千元以下罚款：<br>（一）违反国家规定，未经注册登记，以社会团体、基金会、社会服务机构等社会组织名义进行活动，被取缔后，仍进行活动的；<br>（二）被依法撤销登记或者吊销登记证书的社会团体、基金会、社会服务机构 |

| 2012 年《治安管理处罚法》 | 2025 年《治安管理处罚法》 |
|---|---|
| 机关许可的行业的。<br><br>　　有前款第三项行为的，予以取缔。<br><br>　　取得公安机关许可的经营者，违反国家有关管理规定，情节严重的，公安机关可以吊销许可证。 | 等社会组织，仍以原社会组织名义进行活动的；<br><br>　　（三）未经许可，擅自经营按照国家规定需要由公安机关许可的行业的。<br><br>　　有前款第三项行为的，予以取缔。被取缔一年以内又实施的，处十日以上十五日以下拘留，并处三千元以上五千元以下罚款。<br><br>　　取得公安机关许可的经营者，违反国家有关管理规定，情节严重的，公安机关可以吊销许可证件。 |
| 　　第五十五条　煽动、策划非法集会、游行、示威，不听劝阻的，处十日以上十五日以下拘留。 | 　　第六十六条　煽动、策划非法集会、游行、示威，不听劝阻的，处十日以上十五日以下拘留。 |
| 　　第五十六条　旅馆业的工作人员对住宿的旅客不按规定登记姓名、身份证件种类和号码的，或者明知住宿 | 　　第六十七条　从事旅馆业经营活动不按规定登记住宿人员姓名、有效身份证件种类和号码等信息的，或者 |

| 2012 年《治安管理处罚法》 | 2025 年《治安管理处罚法》 |
|---|---|
| 的旅客将危险物质带入旅馆，不予制止的，处二百元以上五百元以下罚款。<br><br>　　旅馆业的工作人员明知住宿的旅客是犯罪嫌疑人员或者被公安机关通缉的人员，不向公安机关报告的，处二百元以上五百元以下罚款；情节严重的，处五日以下拘留，可以并处五百元以下罚款。 | 为身份不明、拒绝登记身份信息的人提供住宿服务的，对其直接负责的主管人员和其他直接责任人员处五百元以上一千元以下罚款；情节较轻的，处警告或者五百元以下罚款。<br><br>　　实施前款行为，妨害反恐怖主义工作进行，违反《中华人民共和国反恐怖主义法》规定的，依照其规定处罚。<br><br>　　从事旅馆业经营活动有下列行为之一的，对其直接负责的主管人员和其他直接责任人员处一千元以上三千元以下罚款；情节严重的，处五日以下拘留，可以并处三千元以上五千元以下罚款：<br>　　（一）明知住宿人员违反规定将危险物质带入住宿区域，不予制止的； |

| 2012 年《治安管理处罚法》 | 2025 年《治安管理处罚法》 |
|---|---|
|  | （二）明知住宿人员是犯罪嫌疑人员或者被公安机关通缉的人员，不向公安机关报告的；<br><br>（三）明知住宿人员利用旅馆实施犯罪活动，不向公安机关报告的。 |
| 　　第五十七条　房屋出租人将房屋出租给无身份证件的人居住的，或者不按规定登记承租人姓名、身份证件种类和号码的，处二百元以上五百元以下罚款。<br>　　房屋出租人明知承租人利用出租房屋进行犯罪活动，不向公安机关报告的，处二百元以上五百元以下罚款；情节严重的，处五日以下拘留，可以并处五百元以下罚款。 | 　　第六十八条　房屋出租人将房屋出租给身份不明、拒绝登记身份信息的人的，或者不按规定登记承租人姓名、有效身份证件种类和号码等信息的，处五百元以上一千元以下罚款；情节较轻的，处警告或者五百元以下罚款。<br>　　房屋出租人明知承租人利用出租房屋实施犯罪活动，不向公安机关报告的，处一千元以上三千元以下罚款；情节严重的，处五日以下拘留，可以并处三千元以上五千元以下罚款。 |

| 2012 年《治安管理处罚法》 | 2025 年《治安管理处罚法》 |
| --- | --- |
| | 　　第六十九条　娱乐场所和公章刻制、机动车修理、报废机动车回收行业经营者违反法律法规关于要求登记信息的规定，不登记信息的，处警告；拒不改正或者造成后果的，对其直接负责的主管人员和其他直接责任人员处五日以下拘留或者三千元以下罚款。 |
| | 　　第七十条　非法安装、使用、提供窃听、窃照专用器材的，处五日以下拘留或者一千元以上三千元以下罚款；情节较重的，处五日以上十日以下拘留，并处三千元以上五千元以下罚款。 |
| 　　第五十九条　有下列行为之一的，处五百元以上一千元以下罚款；情节严重的，处五日以上十日以下拘留，并处五百元以上一千元以下罚款： | 　　第七十一条　有下列行为之一的，处一千元以上三千元以下罚款；情节严重的，处五日以上十日以下拘留，并处一千元以上三千元以下罚款： |

| 2012 年《治安管理处罚法》 | 2025 年《治安管理处罚法》 |
| --- | --- |
| （一）典当业工作人员承接典当的物品，不查验有关证明、不履行登记手续，或者明知是违法犯罪嫌疑人、赃物，不向公安机关报告的； | （一）典当业工作人员承接典当的物品，不查验有关证明、不履行登记手续的，或者违反国家规定对明知是违法犯罪嫌疑人、赃物而不向公安机关报告的； |
| （二）违反国家规定，收购铁路、油田、供电、电信、矿山、水利、测量和城市公用设施等废旧专用器材的； | （二）违反国家规定，收购铁路、油田、供电、电信、矿山、水利、测量和城市公用设施等废旧专用器材的； |
| （三）收购公安机关通报寻查的赃物或者有赃物嫌疑的物品的； | （三）收购公安机关通报寻查的赃物或者有赃物嫌疑的物品的； |
| （四）收购国家禁止收购的其他物品的。 | （四）收购国家禁止收购的其他物品的。 |
| **第六十条**　有下列行为之一的，处五日以上十日以下拘留，并处二百元以上五百元以下罚款：<br>（一）隐藏、转移、变卖或者损毁行政执法机关依法扣押、查封、冻结的财物的； | **第七十二条**　有下列行为之一的，处五日以上十日以下拘留，可以并处一千元以下罚款；情节较轻的，处警告或者一千元以下罚款：<br>（一）隐藏、转移、变卖、擅自使用或者损毁行政执法机关依法扣押、查封、冻 |

| 2012 年《治安管理处罚法》 | 2025 年《治安管理处罚法》 |
| --- | --- |
| （二）伪造、隐匿、毁灭证据或者提供虚假证言、谎报案情，影响行政执法机关依法办案的；<br><br>（三）明知是赃物而窝藏、转移或者代为销售的；<br><br>（四）被依法执行管制、剥夺政治权利或者在缓刑、暂予监外执行中的罪犯或者被依法采取刑事强制措施的人，有违反法律、行政法规或者国务院有关部门的监督管理规定的行为。 | 结、扣留、先行登记保存的财物的；<br><br>（二）伪造、隐匿、毁灭证据或者提供虚假证言、谎报案情，影响行政执法机关依法办案的；<br><br>（三）明知是赃物而窝藏、转移或者代为销售的；<br><br>（四）被依法执行管制、剥夺政治权利或者在缓刑、暂予监外执行中的罪犯或者被依法采取刑事强制措施的人，有违反法律、行政法规或者国务院有关部门的监督管理规定的行为的。 |
|  | 第七十三条　有下列行为之一的，处警告或者一千元以下罚款；情节较重的，处五日以上十日以下拘留，可以并处一千元以下罚款：<br><br>（一）违反人民法院刑事判决中的禁止令或者职业禁止决定的； |

| 2012 年《治安管理处罚法》 | 2025 年《治安管理处罚法》 |
|---|---|
|  | （二）拒不执行公安机关依照《中华人民共和国反家庭暴力法》、《中华人民共和国妇女权益保障法》出具的禁止家庭暴力告诫书、禁止性骚扰告诫书的；<br>（三）违反监察机关在监察工作中、司法机关在刑事诉讼中依法采取的禁止接触证人、鉴定人、被害人及其近亲属保护措施的。 |
|  | 第七十四条 依法被关押的违法行为人脱逃的，处十日以上十五日以下拘留；情节较轻的，处五日以上十日以下拘留。 |
| 第六十一条 协助组织或者运送他人偷越国（边）境的，处十日以上十五日以下拘留，并处一千元以上五千元以下罚款。 |  |

| 2012 年《治安管理处罚法》 | 2025 年《治安管理处罚法》 |
|---|---|
| **第六十二条**　为偷越国（边）境人员提供条件的，处五日以上十日以下拘留，并处五百元以上二千元以下罚款。<br><br>偷越国（边）境的，处五日以下拘留或者五百元以下罚款。 | |
| **第六十三条**　有下列行为之一的，处警告或者二百元以下罚款；情节较重的，处五日以上十日以下拘留，并处二百元以上五百元以下罚款：<br><br>（一）刻划、涂污或者以其他方式故意损坏国家保护的文物、名胜古迹的；<br><br>（二）违反国家规定，在文物保护单位附近进行爆破、挖掘等活动，危及文物安全的。 | **第七十五条**　有下列行为之一的，处警告或者五百元以下罚款；情节较重的，处五日以上十日以下拘留，并处五百元以上一千元以下罚款：<br><br>（一）刻划、涂污或者以其他方式故意损坏国家保护的文物、名胜古迹的；<br><br>（二）违反国家规定，在文物保护单位附近进行爆破、钻探、挖掘等活动，危及文物安全的。 |

| 2012 年《治安管理处罚法》 | 2025 年《治安管理处罚法》 |
|---|---|
| **第六十四条** 有下列行为之一的，处五百元以上一千元以下罚款；情节严重的，处十日以上十五日以下拘留，并处五百元以上一千元以下罚款：<br>（一）偷开他人机动车的；<br>（二）未取得驾驶证驾驶或者偷开他人航空器、机动船舶的。 | **第七十六条** 有下列行为之一的，处一千元以上二千元以下罚款；情节严重的，处十日以上十五日以下拘留，可以并处二千元以下罚款：<br>（一）偷开他人机动车的；<br>（二）未取得驾驶证驾驶或者偷开他人航空器、机动船舶的。 |
| **第六十五条** 有下列行为之一的，处五日以上十日以下拘留，情节严重的，处十日以上十五日以下拘留，可以并处一千元以下罚款：<br>（一）故意破坏、污损他人坟墓或者毁坏、丢弃他人尸骨、骨灰的；<br>（二）在公共场所停放尸体或者因停放尸体影响他人正常生活、工作秩序，不听劝阻的。 | **第七十七条** 有下列行为之一的，处五日以上十日以下拘留，情节严重的，处十日以上十五日以下拘留，可以并处二千元以下罚款：<br>（一）故意破坏、污损他人坟墓或者毁坏、丢弃他人尸骨、骨灰的；<br>（二）在公共场所停放尸体或者因停放尸体影响他人正常生活、工作秩序，不听劝阻的。 |

| 2012 年《治安管理处罚法》 | 2025 年《治安管理处罚法》 |
|---|---|
| **第六十六条**　卖淫、嫖娼的，处十日以上十五日以下拘留，可以并处五千元以下罚款；情节较轻的，处五日以下拘留或者五百元以下罚款。<br><br>　　在公共场所拉客招嫖的，处五日以下拘留或者五百元以下罚款。 | **第七十八条**　卖淫、嫖娼的，处十日以上十五日以下拘留，可以并处五千元以下罚款；情节较轻的，处五日以下拘留或者一千元以下罚款。<br><br>　　在公共场所拉客招嫖的，处五日以下拘留或者一千元以下罚款。 |
| **第六十七条**　引诱、容留、介绍他人卖淫的，处十日以上十五日以下拘留，可以并处五千元以下罚款；情节较轻的，处五日以下拘留或者五百元以下罚款。 | **第七十九条**　引诱、容留、介绍他人卖淫的，处十日以上十五日以下拘留，可以并处五千元以下罚款；情节较轻的，处五日以下拘留或者一千元以上二千元以下罚款。 |
| **第六十八条**　制作、运输、复制、出售、出租淫秽的书刊、图片、影片、音像制品等淫秽物品或者利用计算机信息网络、电话以及其他通讯工具传播淫秽信息的， | **第八十条**　制作、运输、复制、出售、出租淫秽的书刊、图片、影片、音像制品等淫秽物品或者利用信息网络、电话以及其他通讯工具传播淫秽信息的，处十日以上 |

| 2012 年《治安管理处罚法》 | 2025 年《治安管理处罚法》 |
|---|---|
| 处十日以上十五日以下拘留，可以并处三千元以下罚款；情节较轻的，处五日以下拘留或者五百元以下罚款。 | 十五日以下拘留，可以并处五千元以下罚款；情节较轻的，处五日以下拘留或者一千元以上三千元以下罚款。<br><br>前款规定的淫秽物品或者淫秽信息中涉及未成年人的，从重处罚。 |
| **第六十九条**　有下列行为之一的，处十日以上十五日以下拘留，并处五百元以上一千元以下罚款：<br>　（一）组织播放淫秽音像的；<br>　（二）组织或者进行淫秽表演的；<br>　（三）参与聚众淫乱活动的。<br>　明知他人从事前款活动，为其提供条件的，依照前款的规定处罚。 | **第八十一条**　有下列行为之一的，处十日以上十五日以下拘留，并处一千元以上二千元以下罚款：<br>　（一）组织播放淫秽音像的；<br>　（二）组织或者进行淫秽表演的；<br>　（三）参与聚众淫乱活动的。<br>　明知他人从事前款活动，为其提供条件的，依照前款的规定处罚。<br>　组织未成年人从事第一款活动的，从重处罚。 |

| 2012年《治安管理处罚法》 | 2025年《治安管理处罚法》 |
|---|---|
| **第七十条** 以营利为目的，为赌博提供条件的，或者参与赌博赌资较大的，处五日以下拘留或者五百元以下罚款；情节严重的，处十日以上十五日以下拘留，并处五百元以上三千元以下罚款。 | **第八十二条** 以营利为目的，为赌博提供条件的，或者参与赌博赌资较大的，处五日以下拘留或者一千元以下罚款；情节严重的，处十日以上十五日以下拘留，并处一千元以上五千元以下罚款。 |
| **第七十一条** 有下列行为之一的，处十日以上十五日以下拘留，可以并处三千元以下罚款；情节较轻的，处五日以下拘留或者五百元以下罚款：<br><br>（一）非法种植罂粟不满五百株或者其他少量毒品原植物的；<br><br>（二）非法买卖、运输、携带、持有少量未经灭活的罂粟等毒品原植物种子或者幼苗的；<br><br>（三）非法运输、买卖、储存、使用少量罂粟壳的。 | **第八十三条** 有下列行为之一的，处十日以上十五日以下拘留，可以并处五千元以下罚款；情节较轻的，处五日以下拘留或者一千元以下罚款：<br><br>（一）非法种植罂粟不满五百株或者其他少量毒品原植物的；<br><br>（二）非法买卖、运输、携带、持有少量未经灭活的罂粟等毒品原植物种子或者幼苗的；<br><br>（三）非法运输、买卖、储存、使用少量罂粟壳的。 |

| 2012 年《治安管理处罚法》 | 2025 年《治安管理处罚法》 |
|---|---|
| 　　有前款第一项行为，在成熟前自行铲除的，不予处罚。 | 　　有前款第一项行为，在成熟前自行铲除的，不予处罚。 |
| 　　**第七十二条**　有下列行为之一的，处十日以上十五日以下拘留，可以并处**二千**元以下罚款；情节较轻的，处五日以下拘留或者**五百**元以下罚款：<br>　　（一）非法持有鸦片不满二百克、海洛因或者甲基苯丙胺不满十克或者其他少量毒品的；<br>　　（二）向他人提供毒品的；<br>　　（三）吸食、注射毒品的；<br>　　（四）胁迫、欺骗医务人员开具麻醉药品、精神药品的。 | 　　**第八十四条**　有下列行为之一的，处十日以上十五日以下拘留，可以并处**三千**元以下罚款；情节较轻的，处五日以下拘留或者**一千**元以下罚款：<br>　　（一）非法持有鸦片不满二百克、海洛因或者甲基苯丙胺不满十克或者其他少量毒品的；<br>　　（二）向他人提供毒品的；<br>　　（三）吸食、注射毒品的；<br>　　（四）胁迫、欺骗医务人员开具麻醉药品、精神药品的。<br>　　**聚众、组织吸食、注射毒品的，对首要分子、组织者依照前款的规定从重处罚。**<br>　　**吸食、注射毒品的，可以同时责令其六个月至一年** |

| 2012 年《治安管理处罚法》 | 2025 年《治安管理处罚法》 |
|---|---|
|  | 以内不得进入娱乐场所、不得擅自接触涉及毒品违法犯罪人员。违反规定的，处五日以下拘留或者一千元以下罚款。 |
| 　　第七十三条　教唆、引诱、欺骗他人吸食、注射毒品的，处十日以上十五日以下拘留，并处五百元以上二千元以下罚款。 | 　　第八十五条　引诱、教唆、欺骗或者强迫他人吸食、注射毒品的，处十日以上十五日以下拘留，并处一千元以上五千元以下罚款。<br>　　容留他人吸食、注射毒品或者介绍买卖毒品的，处十日以上十五日以下拘留，可以并处三千元以下罚款；情节较轻的，处五日以下拘留或者一千元以下罚款。 |
|  | 　　第八十六条　违反国家规定，非法生产、经营、购买、运输用于制造毒品的原料、配剂的，处十日以上十五日以下拘留；情节较轻的，处五日以上十日以下拘留。 |

| 2012 年《治安管理处罚法》 | 2025 年《治安管理处罚法》 |
| --- | --- |
| **第七十四条** 旅馆业、饮食服务业、文化娱乐业、出租汽车业等单位的人员，在公安机关查处吸毒、赌博、卖淫、嫖娼活动时，为违法犯罪行为人通风报信的，处十日以上十五日以下拘留。 | **第八十七条** 旅馆业、饮食服务业、文化娱乐业、出租汽车业等单位的人员，在公安机关查处吸毒、赌博、卖淫、嫖娼活动时，为违法犯罪行为人通风报信的，或者以其他方式为上述活动提供条件的，处十日以上十五日以下拘留；情节较轻的，处五日以下拘留或者一千元以上二千元以下罚款。 |
| **第五十八条** 违反关于社会生活噪声污染防治的法律规定，制造噪声干扰他人正常生活的，处警告；警告后不改正的，处二百元以上五百元以下罚款。 | **第八十八条** 违反关于社会生活噪声污染防治的法律法规规定，产生社会生活噪声，经基层群众性自治组织、业主委员会、物业服务人、有关部门依法劝阻、调解和处理未能制止，继续干扰他人正常生活、工作和学习的，处五日以下拘留或者一千元以下罚款；情节严重的，处五日以上十日以下拘留，可以并处一千元以下罚款。 |

| 2012 年《治安管理处罚法》 | 2025 年《治安管理处罚法》 |
|---|---|
| 　　**第七十五条**　饲养动物，干扰他人正常生活的，处警告；警告后不改正的，或者放任动物恐吓他人的，处二百元以上五百元以下罚款。<br>　　驱使动物伤害他人的，依照本法第四十三条第一款的规定处罚。 | 　　第八十九条　饲养动物，干扰他人正常生活的，处警告；警告后不改正的，或者放任动物恐吓他人的，处一千元以下罚款。<br>　　违反有关法律、法规、规章规定，出售、饲养烈性犬等危险动物的，处警告；警告后不改正的，或者致使动物伤害他人的，处五日以下拘留或者一千元以下罚款；情节较重的，处五日以上十日以下拘留。<br>　　未对动物采取安全措施，致使动物伤害他人的，处一千元以下罚款；情节较重的，处五日以上十日以下拘留。<br>　　驱使动物伤害他人的，依照本法第五十一条的规定处罚。 |
| 　　**第七十六条**　有本法第六十七条、第六十八条、第七十条的行为，屡教不改的， | |

| 2012 年《治安管理处罚法》 | 2025 年《治安管理处罚法》 |
|---|---|
| 可以按照国家规定采取强制性教育措施。 | |
| **第四章　处罚程序** | **第四章　处罚程序** |
| 第一节　调　查 | 第一节　调　查 |
| **第七十七条**　公安机关对报案、控告、举报或者违反治安管理行为人主动投案，以及其他行政主管部门、司法机关移送的违反治安管理案件，应当及时受理，并进行登记。 | **第九十条**　公安机关对报案、控告、举报或者违反治安管理行为人主动投案，以及其他国家机关移送的违反治安管理案件，应当立即立案并进行调查；认为不属于违反治安管理行为的，应当告知报案人、控告人、举报人、投案人，并说明理由。 |
| **第七十八条**　公安机关受理报案、控告、举报、投案后，认为属于违反治安管理行为的，应当立即进行调查；认为不属于违反治安管理行为的，应当告知报案人、控告人、举报人、投案人，并说明理由。 | |

| 2012 年《治安管理处罚法》 | 2025 年《治安管理处罚法》 |
|---|---|
| 　　**第七十九条**　公安机关及其人民警察对治安案件的调查，应当依法进行。严禁刑讯逼供或者采用威胁、引诱、欺骗等非法手段收集证据。<br><br>　　以非法手段收集的证据不得作为处罚的根据。 | 　　**第九十一条**　公安机关及其人民警察对治安案件的调查，应当依法进行。严禁刑讯逼供或者采用威胁、引诱、欺骗等非法手段收集证据。<br><br>　　以非法手段收集的证据不得作为处罚的根据。 |
| | 　　**第九十二条**　公安机关办理治安案件，有权向有关单位和个人收集、调取证据。有关单位和个人应当如实提供证据。<br><br>　　公安机关向有关单位和个人收集、调取证据时，应当告知其必须如实提供证据，以及伪造、隐匿、毁灭证据或者提供虚假证言应当承担的法律责任。 |
| | 　　**第九十三条**　在办理刑事案件过程中以及其他执法办案机关在移送案件前依法 |

| 2012 年《治安管理处罚法》 | 2025 年《治安管理处罚法》 |
|---|---|
| | 收集的物证、书证、视听资料、电子数据等证据材料，可以作为治安案件的证据使用。 |
| 　　**第八十条**　公安机关及其人民警察在办理治安案件时，对涉及的国家秘密、商业秘密**或者**个人隐私，应当予以保密。 | 　　**第九十四条**　公安机关及其人民警察在办理治安案件时，对涉及的国家秘密、商业秘密、个人隐私**或者个人信息**，应当予以保密。 |
| 　　**第八十一条**　人民警察在办理治安案件过程中，遇有下列情形之一的，应当回避；违反治安管理行为人、被侵害人或者其法定代理人也有权要求他们回避：<br>　　（一）是本案当事人或者当事人的近亲属的；<br>　　（二）本人或者其近亲属与本案有利害关系的；<br>　　（三）与本案当事人有其他关系，可能影响案件公正处理的。 | 　　**第九十五条**　人民警察在办理治安案件过程中，遇有下列情形之一的，应当回避；违反治安管理行为人、被侵害人或者其法定代理人也有权要求他们回避：<br>　　（一）是本案当事人或者当事人的近亲属的；<br>　　（二）本人或者其近亲属与本案有利害关系的；<br>　　（三）与本案当事人有其他关系，可能影响案件公正处理的。 |

| 2012 年《治安管理处罚法》 | 2025 年《治安管理处罚法》 |
| --- | --- |
| 　　人民警察的回避，由其所属的公安机关决定；公安机关负责人的回避，由上一级公安机关决定。 | 　　人民警察的回避，由其所属的公安机关决定；公安机关负责人的回避，由上一级公安机关决定。 |
| 　　**第八十二条**　需要传唤违反治安管理行为人接受调查的，经公安机关办案部门负责人批准，使用传唤证传唤。对现场发现的违反治安管理行为人，人民警察经出示工作证件，可以口头传唤，但应当在询问笔录中注明。<br><br>　　公安机关应当将传唤的原因和依据告知被传唤人。对无正当理由不接受传唤或者逃避传唤的人，可以强制传唤。 | 　　**第九十六条**　需要传唤违反治安管理行为人接受调查的，经公安机关办案部门负责人批准，使用传唤证传唤。对现场发现的违反治安管理行为人，人民警察经出示人民警察证，可以口头传唤，但应当在询问笔录中注明。<br><br>　　公安机关应当将传唤的原因和依据告知被传唤人。对无正当理由不接受传唤或者逃避传唤的人，经公安机关办案部门负责人批准，可以强制传唤。 |
| 　　**第八十三条**　对违反治安管理行为人，公安机关传唤后应当及时询问查证，询问 | 　　**第九十七条**　对违反治安管理行为人，公安机关传唤后应当及时询问查证，询问 |

| 2012 年《治安管理处罚法》 | 2025 年《治安管理处罚法》 |
|---|---|
| 查证的时间不得超过八小时；情况复杂，依照本法规定可能适用行政拘留处罚的，询问查证的时间不得超过二十四小时。<br><br>　　公安机关应当及时将传唤的原因和处所通知被传唤人家属。 | 查证的时间不得超过八小时；涉案人数众多、违反治安管理行为人身份不明的，询问查证的时间不得超过十二小时；情况复杂，依照本法规定可能适用行政拘留处罚的，询问查证的时间不得超过二十四小时。在执法办案场所询问违反治安管理行为人，应当全程同步录音录像。<br><br>　　公安机关应当及时将传唤的原因和处所通知被传唤人家属。<br><br>　　询问查证期间，公安机关应当保证违反治安管理行为人的饮食、必要的休息时间等正当需求。 |
| 　　**第八十四条**　询问笔录应当交被询问人核对；对没有阅读能力的，应当向其宣读。记载有遗漏或者差错的，被询问人可以提出补充或者更正。被询问人确认笔录 | 　　**第九十八条**　询问笔录应当交被询问人核对；对没有阅读能力的，应当向其宣读。记载有遗漏或者差错的，被询问人可以提出补充或者更正。被询问人确认笔录 |

| 2012 年《治安管理处罚法》 | 2025 年《治安管理处罚法》 |
|---|---|
| 无误后，应当签名或者盖章，询问的人民警察也应当在笔录上签名。<br><br>　　被询问人要求就被询问事项自行提供书面材料的，应当准许；必要时，人民警察也可以要求被询问人自行书写。<br><br>　　询问不满十六周岁的违反治安管理行为人，应当通知其父母或者其他监护人到场。 | 无误后，应当签名、盖章或者按指印，询问的人民警察也应当在笔录上签名。<br><br>　　被询问人要求就被询问事项自行提供书面材料的，应当准许；必要时，人民警察也可以要求被询问人自行书写。<br><br>　　询问不满十八周岁的违反治安管理行为人，应当通知其父母或者其他监护人到场；其父母或者其他监护人不能到场的，也可以通知其他成年亲属，所在学校、单位、居住地基层组织或者未成年人保护组织的代表等合适成年人到场，并将有关情况记录在案。确实无法通知或者通知后未到场的，应当在笔录中注明。 |
| 　　**第八十五条**　人民警察询问被侵害人或者其他证人，可以到其所在单位或者住处 | 　　**第九十九条**　人民警察询问被侵害人或者其他证人，可以在现场进行，也可以到 |

| 2012 年《治安管理处罚法》 | 2025 年《治安管理处罚法》 |
|---|---|
| 进行；必要时，也可以通知其到公安机关提供证言。<br><br>　　人民警察在公安机关以外询问被侵害人或者其他证人，应当出示工作证件。<br><br>　　询问被侵害人或者其他证人，同时适用本法第八十四条的规定。 | 其所在单位、住处或者其提出的地点进行；必要时，也可以通知其到公安机关提供证言。<br><br>　　人民警察在公安机关以外询问被侵害人或者其他证人，应当出示人民警察证。<br><br>　　询问被侵害人或者其他证人，同时适用本法第九十八条的规定。 |
|  | 　　第一百条　违反治安管理行为人、被侵害人或者其他证人在异地的，公安机关可以委托异地公安机关代为询问，也可以通过公安机关的视频系统远程询问。<br><br>　　通过远程视频方式询问的，应当向被询问人宣读询问笔录，被询问人确认笔录无误后，询问的人民警察应当在笔录上注明。询问和宣读过程应当全程同步录音录像。 |

| 2012 年《治安管理处罚法》 | 2025 年《治安管理处罚法》 |
|---|---|
| **第八十六条** 询问聋哑的违反治安管理行为人、被侵害人或者其他证人，应当有通晓手语的人提供帮助，并在笔录上注明。<br><br>询问不通晓当地通用的语言文字的违反治安管理行为人、被侵害人或者其他证人，应当配备翻译人员，并在笔录上注明。 | **第一百零一条** 询问聋哑的违反治安管理行为人、被侵害人或者其他证人，应当有通晓手语等交流方式的人提供帮助，并在笔录上注明。<br><br>询问不通晓当地通用的语言文字的违反治安管理行为人、被侵害人或者其他证人，应当配备翻译人员，并在笔录上注明。 |
|  | **第一百零二条** 为了查明案件事实，确定违反治安管理行为人、被侵害人的某些特征、伤害情况或者生理状态，需要对其人身进行检查，提取或者采集肖像、指纹信息和血液、尿液等生物样本的，经公安机关办案部门负责人批准后进行。对已经提取、采集的信息或者样本，不得重复提取、采集。提取或者采集被侵害人的信 |

| 2012 年《治安管理处罚法》 | 2025 年《治安管理处罚法》 |
| --- | --- |
| | 息或者样本，应当征得被侵害人或者其监护人同意。 |
| 　　第八十七条　公安机关对与违反治安管理行为有关的场所、物品、人身可以进行检查。检查时，人民警察不得少于二人，并应当出示工作证件和县级以上人民政府公安机关开具的检查证明文件。对确有必要立即进行检查的，人民警察经出示工作证件，可以当场检查，但检查公民住所应当出示县级以上人民政府公安机关开具的检查证明文件。<br>　　检查妇女的身体，应当由女性工作人员进行。 | 　　第一百零三条　公安机关对与违反治安管理行为有关的场所或者违反治安管理行为人的人身、物品可以进行检查。检查时，人民警察不得少于二人，并应当出示人民警察证。<br>　　对场所进行检查的，经县级以上人民政府公安机关负责人批准，使用检查证检查；对确有必要立即进行检查的，人民警察经出示人民警察证，可以当场检查，并应当全程同步录音录像。检查公民住所应当出示县级以上人民政府公安机关开具的检查证。<br>　　检查妇女的身体，应当由女性工作人员或者医师进行。 |

| 2012 年《治安管理处罚法》 | 2025 年《治安管理处罚法》 |
| --- | --- |
| **第八十八条** 检查的情况应当制作检查笔录，由检查人、被检查人和见证人签名或者盖章；被检查人拒绝签名的，人民警察应当在笔录上注明。 | **第一百零四条** 检查的情况应当制作检查笔录，由检查人、被检查人和见证人签名、盖章或者按指印；被检查人不在场或者被检查人、见证人拒绝签名的，人民警察应当在笔录上注明。 |
| **第八十九条** 公安机关办理治安案件，对与案件有关的需要作为证据的物品，可以扣押；对被侵害人或者善意第三人合法占有的财产，不得扣押，应当予以登记。对与案件无关的物品，不得扣押。<br><br>对扣押的物品，应当会同在场见证人和被扣押物品持有人查点清楚，当场开列清单一式二份，由调查人员、见证人和持有人签名或者盖章，一份交给持有人，另一份附卷备查。<br><br>对扣押的物品，应当妥善 | **第一百零五条** 公安机关办理治安案件，对与案件有关的需要作为证据的物品，可以扣押；对被侵害人或者善意第三人合法占有的财产，不得扣押，应当予以登记，但是对其中与案件有关的必须鉴定的物品，可以扣押，鉴定后应当立即解除。对与案件无关的物品，不得扣押。<br><br>对扣押的物品，应当会同在场见证人和被扣押物品持有人查点清楚，当场开列清单一式二份，由调查人员、见证人和持有人签名或者盖章，一份交给持有人，另一 |

| 2012 年《治安管理处罚法》 | 2025 年《治安管理处罚法》 |
| --- | --- |
| 保管，不得挪作他用；对不宜长期保存的物品，按照有关规定处理。经查明与案件无关的，应当及时退还；经核查实属于他人合法财产的，应当登记后立即退还；满六个月无人对该财产主张权利或者无法查清权利人的，应当公开拍卖或者按照国家有关规定处理，所得款项上缴国库。 | 份附卷备查。<br>　　实施扣押前应当报经公安机关负责人批准；因情况紧急或者物品价值不大，当场实施扣押的，人民警察应当及时向其所属公安机关负责人报告，并补办批准手续。公安机关负责人认为不应当扣押的，应当立即解除。当场实施扣押的，应当全程同步录音录像。<br>　　对扣押的物品，应当妥善保管，不得挪作他用；对不宜长期保存的物品，按照有关规定处理。经查明与案件无关或者经核查实属于被侵害人或者他人合法财产的，应当登记后立即退还；满六个月无人对该财产主张权利或者无法查清权利人的，应当公开拍卖或者按照国家有关规定处理，所得款项上缴国库。 |

| 2012 年《治安管理处罚法》 | 2025 年《治安管理处罚法》 |
|---|---|
| 第九十条　为了查明案情，需要解决案件中有争议的专门性问题的，应当指派或者聘请具有专门知识的人员进行鉴定；鉴定人鉴定后，应当写出鉴定意见，并且签名。 | 第一百零六条　为了查明案情，需要解决案件中有争议的专门性问题的，应当指派或者聘请具有专门知识的人员进行鉴定；鉴定人鉴定后，应当写出鉴定意见，并且签名。 |
|  | 第一百零七条　为了查明案情，人民警察可以让违反治安管理行为人、被侵害人和其他证人对与违反治安管理行为有关的场所、物品进行辨认，也可以让被侵害人、其他证人对违反治安管理行为人进行辨认，或者让违反治安管理行为人对其他违反治安管理行为人进行辨认。<br><br>　辨认应当制作辨认笔录，由人民警察和辨认人签名、盖章或者按指印。 |

| 2012 年《治安管理处罚法》 | 2025 年《治安管理处罚法》 |
|---|---|
| | 　　**第一百零八条**　公安机关进行询问、辨认、勘验，实施行政强制措施等调查取证工作时，人民警察不得少于二人。<br>　　公安机关在规范设置、严格管理的执法办案场所进行询问、扣押、辨认的，或者进行调解的，可以由一名人民警察进行。<br>　　依照前款规定由一名人民警察进行询问、扣押、辨认、调解的，应当全程同步录音录像。未按规定全程同步录音录像或者录音录像资料损毁、丢失的，相关证据不能作为处罚的根据。 |
| 　　第二节　决　定 | 　　第二节　决　定 |
| 　　**第九十一条**　治安管理处罚由县级以上人民政府公安机关决定；其中警告、五百元以下的罚款可以由公安派出所决定。 | 　　**第一百零九条**　治安管理处罚由县级以上地方人民政府公安机关决定；其中警告、一千元以下的罚款，可以由公安派出所决定。 |

| 2012 年《治安管理处罚法》 | 2025 年《治安管理处罚法》 |
| --- | --- |
| 　　**第九十二条**　对决定给予行政拘留处罚的人，在处罚前已经采取强制措施限制人身自由的时间，应当折抵。限制人身自由一日，折抵行政拘留一日。 | 　　**第一百一十条**　对决定给予行政拘留处罚的人，在处罚前已经采取强制措施限制人身自由的时间，应当折抵。限制人身自由一日，折抵行政拘留一日。 |
| 　　**第九十三条**　公安机关查处治安案件，对没有本人陈述，但其他证据能够证明案件事实的，可以作出治安管理处罚决定。但是，只有本人陈述，没有其他证据证明的，不能作出治安管理处罚决定。 | 　　**第一百一十一条**　公安机关查处治安案件，对没有本人陈述，但其他证据能够证明案件事实的，可以作出治安管理处罚决定。但是，只有本人陈述，没有其他证据证明的，不能作出治安管理处罚决定。 |
| 　　**第九十四条**　公安机关作出治安管理处罚决定前，应当告知违反治安管理行为人作出治安管理处罚的事实、理由及依据，并告知违反治安管理行为人依法享有的权利。<br>　　违反治安管理行为人有权 | 　　**第一百一十二条**　公安机关作出治安管理处罚决定前，应当告知违反治安管理行为人拟作出治安管理处罚的内容及事实、理由、依据，并告知违反治安管理行为人依法享有的权利。<br>　　违反治安管理行为人有权 |

| 2012 年《治安管理处罚法》 | 2025 年《治安管理处罚法》 |
|---|---|
| 陈述和申辩。公安机关必须充分听取违反治安管理行为人的意见，对违反治安管理行为人提出的事实、理由和证据，应当进行复核；违反治安管理行为人提出的事实、理由或者证据成立的，公安机关应当采纳。<br><br>公安机关不得因违反治安管理行为人的陈述、申辩而加重处罚。 | 陈述和申辩。公安机关必须充分听取违反治安管理行为人的意见，对违反治安管理行为人提出的事实、理由和证据，应当进行复核；违反治安管理行为人提出的事实、理由或者证据成立的，公安机关应当采纳。<br><br>**违反治安管理行为人不满十八周岁的，还应当依照前两款的规定告知未成年人的父母或者其他监护人，充分听取其意见。**<br><br>公安机关不得因违反治安管理行为人的陈述、申辩而加重**其**处罚。 |
| **第九十五条** 治安案件调查结束后，公安机关应当根据不同情况，分别作出以下处理：<br><br>（一）确有依法应当给予治安管理处罚的违法行为的，根据情节轻重及具体情 | **第一百一十三条** 治安案件调查结束后，公安机关应当根据不同情况，分别作出以下处理：<br><br>（一）确有依法应当给予治安管理处罚的违法行为的，根据情节轻重及具体情 |

| 2012 年《治安管理处罚法》 | 2025 年《治安管理处罚法》 |
|---|---|
| 况，作出处罚决定；<br><br>　　（二）依法不予处罚的，或者违法事实不能成立的，作出不予处罚决定；<br><br>　　（三）违法行为已涉嫌犯罪的，移送主管机关依法追究刑事责任；<br><br>　　（四）发现违反治安管理行为人有其他违法行为的，在对违反治安管理行为作出处罚决定的同时，通知有关行政主管部门处理。 | 况，作出处罚决定；<br><br>　　（二）依法不予处罚的，或者违法事实不能成立的，作出不予处罚决定；<br><br>　　（三）违法行为已涉嫌犯罪的，移送有关主管机关依法追究刑事责任；<br><br>　　（四）发现违反治安管理行为人有其他违法行为的，在对违反治安管理行为作出处罚决定的同时，通知或者移送有关主管机关处理。<br><br>　　对情节复杂或者重大违法行为给予治安管理处罚，公安机关负责人应当集体讨论决定。 |
|  | 　　第一百一十四条　有下列情形之一的，在公安机关作出治安管理处罚决定之前，应当由从事治安管理处罚决定法制审核的人员进行法制审核；未经法制审核或者审核未通过的，不得作出决定： |

| 2012 年《治安管理处罚法》 | 2025 年《治安管理处罚法》 |
|---|---|
| | （一）涉及重大公共利益的；<br>（二）直接关系当事人或者第三人重大权益，经过听证程序的；<br>（三）案件情况疑难复杂、涉及多个法律关系的。<br>公安机关中初次从事治安管理处罚决定法制审核的人员，应当通过国家统一法律职业资格考试取得法律职业资格。 |
| **第九十六条** 公安机关作出治安管理处罚决定的，应当制作治安管理处罚决定书。决定书应当载明下列内容：<br>（一）被处罚人的姓名、性别、年龄、身份证件的名称和号码、住址；<br>（二）违法事实和证据；<br>（三）处罚的种类和依据； | **第一百一十五条** 公安机关作出治安管理处罚决定的，应当制作治安管理处罚决定书。决定书应当载明下列内容：<br>（一）被处罚人的姓名、性别、年龄、身份证件的名称和号码、住址；<br>（二）违法事实和证据；<br>（三）处罚的种类和依据； |

| 2012年《治安管理处罚法》 | 2025年《治安管理处罚法》 |
| --- | --- |
| （四）处罚的执行方式和期限； | （四）处罚的执行方式和期限； |
| （五）对处罚决定不服，申请行政复议、提起行政诉讼的途径和期限； | （五）对处罚决定不服，申请行政复议、提起行政诉讼的途径和期限； |
| （六）作出处罚决定的公安机关的名称和作出决定的日期。 | （六）作出处罚决定的公安机关的名称和作出决定的日期。 |
| 决定书应当由作出处罚决定的公安机关加盖印章。 | 决定书应当由作出处罚决定的公安机关加盖印章。 |
| **第九十七条**　公安机关应当向被处罚人宣告治安管理处罚决定书，并当场交付被处罚人；无法当场向被处罚人宣告的，应当在二日内送达被处罚人。决定给予行政拘留处罚的，应当及时通知被处罚人的家属。 | **第一百一十六条**　公安机关应当向被处罚人宣告治安管理处罚决定书，并当场交付被处罚人；无法当场向被处罚人宣告的，应当在二日以内送达被处罚人。决定给予行政拘留处罚的，应当及时通知被处罚人的家属。 |
| 有被侵害人的，公安机关应当将决定书副本抄送被侵害人。 | 有被侵害人的，公安机关应当将决定书送达被侵害人。 |

| 2012 年《治安管理处罚法》 | 2025 年《治安管理处罚法》 |
|---|---|
| 　　**第九十八条**　公安机关作出吊销许可证以及处二千元以上罚款的治安管理处罚决定前，应当告知违反治安管理行为人有权要求举行听证；违反治安管理行为人要求听证的，公安机关应当及时依法举行听证。 | 　　**第一百一十七条**　公安机关作出吊销许可证件、处四千元以上罚款的治安管理处罚决定或者采取责令停业整顿措施前，应当告知违反治安管理行为人有权要求举行听证；违反治安管理行为人要求听证的，公安机关应当及时依法举行听证。<br>　　对依照本法第二十三条第二款规定可能执行行政拘留的未成年人，公安机关应当告知未成年人和其监护人有权要求举行听证；未成年人和其监护人要求听证的，公安机关应当及时依法举行听证。对未成年人案件的听证不公开举行。<br>　　前两款规定以外的案情复杂或者具有重大社会影响的案件，违反治安管理行为人要求听证，公安机关认为必要的， |

| 2012 年《治安管理处罚法》 | 2025 年《治安管理处罚法》 |
| --- | --- |
| | 应当及时依法举行听证。<br><br>　　公安机关不得因违反治安管理行为人要求听证而加重其处罚。 |
| 　　**第九十九条**　公安机关办理治安案件的期限，自**受理**之日起不得超过三十日；案情重大、复杂的，经上一级公安机关批准，可以延长三十日。<br><br>　　为了查明案情进行鉴定的期间，不计入办理治安案件的期限。 | 　　**第一百一十八条**　公安机关办理治安案件的期限，自**立案**之日起不得超过三十日；案情重大、复杂的，经上一级公安机关批准，可以延长三十日。**期限延长以二次为限。公安派出所办理的案件需要延长期限的，由所属公安机关批准。**<br><br>　　为了查明案情进行鉴定的期间、**听证的期间**，不计入办理治安案件的期限。 |
| 　　**第一百条**　违反治安管理行为事实清楚，证据确凿，处警告或者**二**百元以下罚款的，可以当场作出治安管理处罚决定。 | 　　**第一百一十九条**　违反治安管理行为事实清楚，证据确凿，处警告或者**五**百元以下罚款的，可以当场作出治安管理处罚决定。 |

| 2012 年《治安管理处罚法》 | 2025 年《治安管理处罚法》 |
| --- | --- |
| 　　**第一百零一条**　当场作出治安管理处罚决定的，人民警察应当向违反治安管理行为人出示工作证件，并填写处罚决定书。处罚决定书应当当场交付被处罚人；有被侵害人的，并将决定书副本抄送被侵害人。<br>　　前款规定的处罚决定书，应当载明被处罚人的姓名、违法行为、处罚依据、罚款数额、时间、地点以及公安机关名称，并由经办的人民警察签名或者盖章。<br>　　当场作出治安管理处罚决定的，经办的人民警察应当在二十四小时内报所属公安机关备案。 | 　　**第一百二十条**　当场作出治安管理处罚决定的，人民警察应当向违反治安管理行为人出示人民警察证，并填写处罚决定书。处罚决定书应当当场交付被处罚人；有被侵害人的，并应当将决定书送达被侵害人。<br>　　前款规定的处罚决定书，应当载明被处罚人的姓名、违法行为、处罚依据、罚款数额、时间、地点以及公安机关名称，并由经办的人民警察签名或者盖章。<br>　　适用当场处罚，被处罚人对拟作出治安管理处罚的内容及事实、理由、依据没有异议的，可以由一名人民警察作出治安管理处罚决定，并应当全程同步录音录像。<br>　　当场作出治安管理处罚决定的，经办的人民警察应当在二十四小时以内报所属公安机关备案。 |

| 2012 年《治安管理处罚法》 | 2025 年《治安管理处罚法》 |
| --- | --- |
| 　　**第一百零二条**　被处罚人对治安管理处罚决定不服的，可以依法申请行政复议或者提起行政诉讼。 | 　　**第一百二十一条**　被处罚人、被侵害人对公安机关依照本法规定作出的治安管理处罚决定，作出的收缴、追缴决定，或者采取的有关限制性、禁止性措施等不服的，可以依法申请行政复议或者提起行政诉讼。 |
| 第三节　执　　行 | 第三节　执　　行 |
| 　　**第一百零三条**　对被决定给予行政拘留处罚的人，由作出决定的公安机关送达拘留所执行。 | 　　**第一百二十二条**　对被决定给予行政拘留处罚的人，由作出决定的公安机关送拘留所执行；执行期满，拘留所应当按时解除拘留，发给解除拘留证明书。<br>　　被决定给予行政拘留处罚的人在异地被抓获或者有其他有必要在异地拘留所执行情形的，经异地拘留所主管公安机关批准，可以在异地执行。 |

| 2012 年《治安管理处罚法》 | 2025 年《治安管理处罚法》 |
|---|---|
| 　　**第一百零四条**　受到罚款处罚的人应当自收到处罚决定书之日起十五日内，到指定的银行缴纳罚款。但是，有下列情形之一的，人民警察可以当场收缴罚款：<br>　　（一）被处五十元以下罚款，被处罚人对罚款无异议的；<br>　　（二）在边远、水上、交通不便地区，公安机关及其人民警察依照本法的规定作出罚款决定后，被处罚人向指定的银行缴纳罚款确有困难，经被处罚人提出的；<br>　　（三）被处罚人在当地没有固定住所，不当场收缴事后难以执行的。 | 　　**第一百二十三条**　受到罚款处罚的人应当自收到处罚决定书之日起十五日以内，到指定的银行或者通过电子支付系统缴纳罚款。但是，有下列情形之一的，人民警察可以当场收缴罚款：<br>　　（一）被处二百元以下罚款，被处罚人对罚款无异议的；<br>　　（二）在边远、水上、交通不便地区，旅客列车上或者口岸，公安机关及其人民警察依照本法的规定作出罚款决定后，被处罚人到指定的银行或者通过电子支付系统缴纳罚款确有困难，经被处罚人提出的；<br>　　（三）被处罚人在当地没有固定住所，不当场收缴事后难以执行的。 |

| 2012 年《治安管理处罚法》 | 2025 年《治安管理处罚法》 |
|---|---|
| **第一百零五条**　人民警察当场收缴的罚款，应当自收缴罚款之日起二日内，交至所属的公安机关；在水上、旅客列车上当场收缴的罚款，应当自抵岸或者到站之日起二日内，交至所属的公安机关；公安机关应当自收到罚款之日起二日内将罚款缴付指定的银行。 | **第一百二十四条**　人民警察当场收缴的罚款，应当自收缴罚款之日起二日以内，交至所属的公安机关；在水上、旅客列车上当场收缴的罚款，应当自抵岸或者到站之日起二日以内，交至所属的公安机关；公安机关应当自收到罚款之日起二日以内将罚款缴付指定的银行。 |
| **第一百零六条**　人民警察当场收缴罚款的，应当向被处罚人出具省、自治区、直辖市人民政府财政部门统一制发的罚款收据；不出具统一制发的罚款收据的，被处罚人有权拒绝缴纳罚款。 | **第一百二十五条**　人民警察当场收缴罚款的，应当向被处罚人出具省级以上人民政府财政部门统一制发的专用票据；不出具统一制发的专用票据的，被处罚人有权拒绝缴纳罚款。 |
| **第一百零七条**　被处罚人不服行政拘留处罚决定，申请行政复议、提起行政诉讼的，可以向公安机关提出 | **第一百二十六条**　被处罚人不服行政拘留处罚决定，申请行政复议、提起行政诉讼的，遇有参加升学考 |

| 2012 年《治安管理处罚法》 | 2025 年《治安管理处罚法》 |
|---|---|
| 暂缓执行行政拘留的申请。公安机关认为暂缓执行行政拘留不致发生社会危险的，由被处罚人或者其近亲属提出符合本法第一百零八条规定条件的担保人，或者按每日行政拘留二百元的标准交纳保证金，行政拘留的处罚决定暂缓执行。 | 试、子女出生或者近亲属病危、死亡等情形的，可以向公安机关提出暂缓执行行政拘留的申请。公安机关认为暂缓执行行政拘留不致发生社会危险的，由被处罚人或者其近亲属提出符合本法第一百二十七条规定条件的担保人，或者按每日行政拘留二百元的标准交纳保证金，行政拘留的处罚决定暂缓执行。<br><br>正在被执行行政拘留处罚的人遇有参加升学考试、子女出生或者近亲属病危、死亡等情形，被拘留人或者其近亲属申请出所的，由公安机关依照前款规定执行。被拘留人出所的时间不计入拘留期限。 |
| 　　**第一百零八条**　担保人应当符合下列条件：<br>　　（一）与本案无牵连； | 　　**第一百二十七条**　担保人应当符合下列条件：<br>　　（一）与本案无牵连； |

| 2012 年《治安管理处罚法》 | 2025 年《治安管理处罚法》 |
| --- | --- |
| （二）享有政治权利，人身自由未受到限制； <br><br>（三）在当地有常住户口和固定住所； <br><br>（四）有能力履行担保义务。 | （二）享有政治权利，人身自由未受到限制； <br><br>（三）在当地有常住户口和固定住所； <br><br>（四）有能力履行担保义务。 |
| **第一百零九条**　担保人应当保证被担保人不逃避行政拘留处罚的执行。 <br><br>担保人不履行担保义务，致使被担保人逃避行政拘留处罚的执行的，由公安机关对其处三千元以下罚款。 | **第一百二十八条**　担保人应当保证被担保人不逃避行政拘留处罚的执行。 <br><br>担保人不履行担保义务，致使被担保人逃避行政拘留处罚的执行的，处三千元以下罚款。 |
| **第一百一十条**　被决定给予行政拘留处罚的人交纳保证金，暂缓行政拘留后，逃避行政拘留处罚的执行的，保证金予以没收并上缴国库，已经作出的行政拘留决定仍应执行。 | **第一百二十九条**　被决定给予行政拘留处罚的人交纳保证金，暂缓行政拘留或者出所后，逃避行政拘留处罚的执行的，保证金予以没收并上缴国库，已经作出的行政拘留决定仍应执行。 |
| **第一百一十一条**　行政拘留的处罚决定被撤销，或者行政拘留处罚开始执行的， | **第一百三十条**　行政拘留的处罚决定被撤销，行政拘留处罚开始执行，或者出 |

| 2012 年《治安管理处罚法》 | 2025 年《治安管理处罚法》 |
|---|---|
| 公安机关收取的保证金应当及时退还交纳人。 | 所后继续执行的，公安机关收取的保证金应当及时退还交纳人。 |
| **第五章　执法监督** | **第五章　执法监督** |
| **第一百一十二条**　公安机关及其人民警察应当依法、公正、严格、高效办理治安案件，文明执法，不得徇私舞弊。 | **第一百三十一条**　公安机关及其人民警察应当依法、公正、严格、高效办理治安案件，文明执法，不得徇私舞弊、玩忽职守、滥用职权。 |
| **第一百一十三条**　公安机关及其人民警察办理治安案件，禁止对违反治安管理行为人打骂、虐待或者侮辱。 | **第一百三十二条**　公安机关及其人民警察办理治安案件，禁止对违反治安管理行为人打骂、虐待或者侮辱。 |
| **第一百一十四条**　公安机关及其人民警察办理治安案件，应当自觉接受社会和公民的监督。<br><br>　　公安机关及其人民警察办理治安案件，不严格执法或者有违法违纪行为的，任何单位和个人都有权向公安机关或者人民检察院、行政 | **第一百三十三条**　公安机关及其人民警察办理治安案件，应当自觉接受社会和公民的监督。<br><br>　　公安机关及其人民警察办理治安案件，不严格执法或者有违法违纪行为的，任何单位和个人都有权向公安机关或者人民检察院、监察 |

| 2012 年《治安管理处罚法》 | 2025 年《治安管理处罚法》 |
| --- | --- |
| 监察机关检举、控告；收到检举、控告的机关，应当依据职责及时处理。 | 机关检举、控告；收到检举、控告的机关，应当依据职责及时处理。 |
| | **第一百三十四条**　公安机关作出治安管理处罚决定，发现被处罚人是公职人员，依照《中华人民共和国公职人员政务处分法》的规定需要给予政务处分的，应当依照有关规定及时通报监察机关等有关单位。 |
| **第一百一十五条**　公安机关依法实施罚款处罚，应当依照有关法律、行政法规的规定，实行罚款决定与罚款收缴分离；收缴的罚款应当全部上缴国库。 | **第一百三十五条**　公安机关依法实施罚款处罚，应当依照有关法律、行政法规的规定，实行罚款决定与罚款收缴分离；收缴的罚款应当全部上缴国库，不得返还、变相返还，不得与经费保障挂钩。 |
| | **第一百三十六条**　违反治安管理的记录应当予以封存，不得向任何单位和个人 |

| 2012 年《治安管理处罚法》 | 2025 年《治安管理处罚法》 |
|---|---|
|  | 提供或者公开，但有关国家机关为办案需要或者有关单位根据国家规定进行查询的除外。依法进行查询的单位，应当对被封存的违法记录的情况予以保密。 |
|  | 第一百三十七条　公安机关应当履行同步录音录像运行安全管理职责，完善技术措施，定期维护设施设备，保障录音录像设备运行连续、稳定、安全。 |
|  | 第一百三十八条　公安机关及其人民警察不得将在办理治安案件过程中获得的个人信息，依法提取、采集的相关信息、样本用于与治安管理、查处犯罪无关的用途，不得出售、提供给其他单位或者个人。 |
| 第一百一十六条　人民警察办理治安案件，有下列 | 第一百三十九条　人民警察办理治安案件，有下列 |

| 2012 年《治安管理处罚法》 | 2025 年《治安管理处罚法》 |
|---|---|
| 行为之一的，依法给予行政处分；构成犯罪的，依法追究刑事责任：（一）刑讯逼供、体罚、虐待、侮辱他人的； | 行为之一的，依法给予处分；构成犯罪的，依法追究刑事责任： |
| | （一）刑讯逼供、体罚、打骂、虐待、侮辱他人的； |
| （二）超过询问查证的时间限制人身自由的； | （二）超过询问查证的时间限制人身自由的； |
| （三）不执行罚款决定与罚款收缴分离制度或者不按规定将罚没的财物上缴国库或者依法处理的； | （三）不执行罚款决定与罚款收缴分离制度或者不按规定将罚没的财物上缴国库或者依法处理的； |
| （四）私分、侵占、挪用、故意损毁收缴、扣押的财物的； | （四）私分、侵占、挪用、故意损毁所收缴、追缴、扣押的财物的； |
| （五）违反规定使用或者不及时返还被侵害人财物的； | （五）违反规定使用或者不及时返还被侵害人财物的； |
| （六）违反规定不及时退还保证金的； | （六）违反规定不及时退还保证金的； |
| （七）利用职务上的便利收受他人财物或者谋取其他利益的； | （七）利用职务上的便利收受他人财物或者谋取其他利益的； |
| （八）当场收缴罚款不出 | （八）当场收缴罚款不出 |

| 2012 年《治安管理处罚法》 | 2025 年《治安管理处罚法》 |
|---|---|
| 具罚款收据或者不如实填写罚款数额的；<br><br>　（九）接到要求制止违反治安管理行为的报警后，不及时出警的；<br><br>　（十）在查处违反治安管理活动时，为违法犯罪行为人通风报信的；<br><br>　（十一）有徇私舞弊、滥用职权，不依法履行法定职责的其他情形。<br><br>　办理治安案件的公安机关有前款所列行为的，对直接负责的主管人员和其他直接责任人员给予相应的行政处分。 | 具专用票据或者不如实填写罚款数额的；<br><br>　（九）接到要求制止违反治安管理行为的报警后，不及时出警的；<br><br>　（十）在查处违反治安管理活动时，为违法犯罪行为人通风报信的；<br><br>　（十一）泄露办理治安案件过程中的工作秘密或者其他依法应当保密的信息的；<br><br>　（十二）将在办理治安案件过程中获得的个人信息，依法提取、采集的相关信息、样本用于与治安管理、查处犯罪无关的用途，或者出售、提供给其他单位或者个人的；<br><br>　（十三）剪接、删改、损毁、丢失办理治安案件的同步录音录像资料的；<br><br>　（十四）有徇私舞弊、玩忽职守、滥用职权，不依法履行法定职责的其他情形。 |

| 2012 年《治安管理处罚法》 | 2025 年《治安管理处罚法》 |
|---|---|
| | 　　办理治安案件的公安机关有前款所列行为的，对负有责任的领导人员和直接责任人员，依法给予处分。 |
| 　　第一百一十七条　公安机关及其人民警察违法行使职权，侵犯公民、法人和其他组织合法权益的，应当赔礼道歉；造成损害的，应当依法承担赔偿责任。 | 　　第一百四十条　公安机关及其人民警察违法行使职权，侵犯公民、法人和其他组织合法权益的，应当赔礼道歉；造成损害的，应当依法承担赔偿责任。 |
| 　　第六章　附　　则 | 　　第六章　附　　则 |
| | 　　第一百四十一条　其他法律中规定由公安机关给予行政拘留处罚的，其处罚程序适用本法规定。<br>　　公安机关依照《中华人民共和国枪支管理法》、《民用爆炸物品安全管理条例》等直接关系公共安全和社会治安秩序的法律、行政法规实施处罚的，其处罚程序适用本法规定。 |

| 2012 年《治安管理处罚法》 | 2025 年《治安管理处罚法》 |
|---|---|
|  | 本法第三十二条、第三十四条、第四十六条、第五十六条规定给予行政拘留处罚，其他法律、行政法规同时规定给予罚款、没收违法所得、没收非法财物等其他行政处罚的行为，由相关主管部门依照相应规定处罚；需要给予行政拘留处罚的，由公安机关依照本法规定处理。 |
|  | 第一百四十二条　海警机构履行海上治安管理职责，行使本法规定的公安机关的职权，但是法律另有规定的除外。 |
| 第一百一十八条　本法所称以上、以下、以内，包括本数。 | 第一百四十三条　本法所称以上、以下、以内，包括本数。 |
| 第一百一十九条　本法自 2006 年 3 月 1 日起施行。1986 年 9 月 5 日公布、1994 年 5 月 12 日修订公布的《中华人民共和国治安管理处罚条例》同时废止。 | 第一百四十四条　本法自 2026 年 1 月 1 日起施行。 |

**图书在版编目（CIP）数据**

中华人民共和国治安管理处罚法：注释红宝书/《法律法规注释红宝书》编写组编. -- 北京：中国法治出版社，2025. 7. -- （法律法规注释红宝书）. -- ISBN 978-7-5216-5462-2

Ⅰ. D922. 145

中国国家版本馆 CIP 数据核字第 2025RV7216 号

责任编辑：成知博 　　　　　　　　　　　封面设计：赵　博

**中华人民共和国治安管理处罚法：注释红宝书**
ZHONGHUA RENMIN GONGHEGUO ZHI'AN GUANLI CHUFAFA：ZHUSHI HONGBAOSHU

编者/《法律法规注释红宝书》编写组
经销/新华书店
印刷/三河市紫恒印装有限公司
开本/880 毫米×1230 毫米　64 开　　　　印张/ 4.5　字数/ 149 千
版次/2025 年 7 月第 1 版　　　　　　　　2025 年 7 月第 1 次印刷

中国法治出版社出版
书号 ISBN 978-7-5216-5462-2　　　　　　　　定价：14.00 元

北京市西城区西便门西里甲 16 号西便门办公区
邮政编码：100053　　　　　　　　　　　　　　传真：010-63141600
网址：http：//www.zgfzs.com　　　　　　编辑部电话：010-63141809
市场营销部电话：010-63141612　　　　　印务部电话：010-63141606

（如有印装质量问题，请与本社印务部联系。）